CLV

John MacArthur

Kindererziehung –
wir wollen es besser machen!

Das Arbeitsbuch

clv

Christliche
Literatur-Verbreitung
Postfach 11 01 35 • 33661 Bielefeld

Zusammengestellt von Pastoren, Ältesten und Mitarbeitern der Grace Community Church, Sun Valley, Kalifornien, USA.

Wir sind all jenen dankbar, die vor uns die Bibel studiert haben und dieselben biblischen Grundsätze erkannt haben. Besonderer Dank gilt Wayne Mack, Robert Smith, der Faith Baptist Church (Lafayette, Indiana, USA) sowie John MacArthur für ihre Studien, ihre Schriften und ihre hingebungsvolle und liebevolle Unterweisung und Belehrung zu diesem wichtigen Thema. Der Einfluss dieser und anderer gottesfürchtiger Lehrer hat entscheidend zur Entstehung dieses Studienprogramms beigetragen.

Bibelzitate sind, wenn nicht anders gekennzeichnet, der Schlachter Version 2000 entnommen.

1. Auflage 2004

Originaltitel: Biblical Parenting for Life

CLV • Christliche Literatur-Verbreitung
Postfach 110135 • 33661 Bielefeld
Internet: www.clv.de
Übersetzung: Martin Manten, Berlin
Satz: CLV
Umschlag: Dieter Otten, Gummersbach

ISBN 3-89397-966-2

Inhaltsverzeichnis

Einführung

Die bevorstehende Aufgabe der Kindererziehung kann auf Eltern beängstigend wirken. Ich kann mir in der Tat keine bedeutsamere Verantwortung vorstellen. Die Art und Weise, wie wir unsere Kinder erziehen und lehren, wird sie auch in ihrem Leben als Erwachsene noch beeinflussen (Sprüche 22,6). Denn wie wir sie in den Entwicklungsjahren erziehen, prägt sie für den Rest ihres Lebens. Angesichts dessen ist es nicht verwunderlich, dass viele christliche Eltern im Hinblick auf die ihnen von Gott übertragene Verantwortung einige Bedenken und Sorgen haben.

Dabei sollte Erziehung doch eine Freude und keine Last sein. In der Bibel wird der Elternrolle eine wichtige Bedeutung beigemessen. Sie stellt die Erziehung – im Gegensatz zu den meisten heutigen Kinderpsychologen – jedoch nie als ein Minenfeld voller psychologischer Gefahren und emotionaler Risiken dar.

Im Gegenteil: Kinder bringen die Verheißung großer Freude und reichen Segens mit sich. »Siehe, Kinder sind eine Gabe des Herrn, die Leibesfrucht ist eine Belohnung« (Psalm 127,3; vgl. V. 4-5). Nach Gottes Plan soll Elternschaft eine Quelle reichen Segens sein, nicht etwas, was christliche Ehepaare in Angst und Schrecken versetzt.

Die in der Bibel dargelegten Prinzipien für Eltern sind überraschend einfach und in jede Kultur übertragbar. Gottes Prinzipien für Erziehung sind weder undurchsichtig und geheimnisvoll noch kompliziert und beschwerlich.

Daher sind wir davon überzeugt, dass die biblischen Erziehungsrichtlinien allen heute verfügbaren psychologischen und pragmatischen Modellen überlegen sind. Und wir glauben, dass die Rückkehr zu den einfachen biblischen Wahrheiten über Kindererziehung die Familien in unseren Gemeinden revolutionieren wird. Außerdem glauben wir, dass es die Verpflichtung aller christlichen Eltern ist, sich unter die Autorität des Wortes Gottes zu stellen und Gottes Richtlinien in ihren Familien umzusetzen.

Gottes Wort stellt jeden einzelnen Bereich des Lebens als Gelegenheit zur Unterweisung dar, und die Schrift gebietet Eltern ausdrücklich, diese Möglichkeiten nach Kräften zu nutzen (5. Mose 6,7). Allerdings kann kein Studienprogramm – und ist es auch noch so umfassend – sicherstellen, dass Eltern dies auch immer tun werden. Sie müssen die richtige innere Einstellung haben, um Gott wohlgefällige Eltern zu sein. Dieses Studienheft trägt auf einfache Weise die verschiedenen, die Eltern betreffenden Prinzipien der Heiligen Schrift zusammen und stellt sie in einer klaren und einfachen Form dar, um ihre Umsetzung so einfach wie möglich zu gestalten.
Während dieses Material entwickelt wurde, war es unser Ziel, weder zur Rechten noch zur Linken von dem von Gottes Wort vorgegebenen Weg abzuweichen. Wir sehen uns verpflichtet, zu den Grundsätzen des inspirierten Textes weder etwas hinzuzufügen noch etwas wegzunehmen. Dieses Buch wird daher mit dem Gebet veröffentlicht, dass der Herr es gebrauchen möge, um eine Generation von Familien heranwachsen zu lassen, in denen das Wort Gottes im Mittelpunkt steht und eine aufrichtige Hingabe an die Autorität des Wortes Gottes treu von Generation zu Generation weitergegeben wird.

John MacArthur

Lektion 1
Die Prioritäten der Eltern

I. Die Prioritäten der Eltern

Zunächst sind zwei einleitende Punkte zu nennen:
Die Lehre der Bibel ist umfassend.
Eltern sind verpflichtet, in ihrem gesamten Leben Gottes Wahrheit und sein Handeln zu beachten; Erziehung ist keine selbstständige Größe, die isoliert betrachtet werden könnte.

A. Verbindlichkeit gegenüber dem Herrn Jesus Christus

1. 2. Mose 20,1-17

2. Matthäus 22,37-40

Es geht um das Maß deiner Hingabe: mit »deinem ganzen Herzen, deiner ganzen Seele, deinem ganzen Denken …« – eine vollständige Auslieferung.

3. 4. Mose 15,39

4. Weitere biblische Erläuterungen

- Psalm 42
- Psalm 73,25-26
- Jeremia 9,22-23
- Lukas 10,38-42
- Lukas 14,25-35
- Galater 2,20
- Philipper 1,21; 3,8
- Kolosser 1,10

5. Zusammenfassend können wir sagen: Wir sind verpflichtet gegenüber

- dem Wort Gottes
  2. Timotheus 3,16-17; 2. Petrus 1,3-4

- dem Jesus Christus
  Lukas 14,25-35; 2. Korinther 5,9; Philipper 1,21

Wir müssen in unserer Beziehung zu ihm wachsen, indem wir in folgenden Bereichen wachsen:

- Liebe zu Gott: Lukas 10,27; Römer 8,7
- Buße über Sünde: Psalm 32,5; Sprüche 28,13; Römer 7,14ff.
- Echte Demut: Psalm 51,19; Matthäus 5,1-12; Jakobus 4, 6.9ff.
- Gott ehrende Hingabe: Psalm 105,3; 115,1; Jesaja 43,7; 48,10ff.
- Beständiges Gebet: Lukas 18,1; Epheser 6,18ff., Philipper 4,6ff.
- Selbstlose Liebe: 1. Johannes 2,9ff.; 3,14; 4,7ff.
- Absonderung von der Welt: 1. Korinther 2,12; Jakobus 4,4ff.; 1. Johannes 2,15-17
- Geistliches Wachstum: Lukas 8,15; Johannes 15,1-6; Epheser 4,12-16
- Gehorsames Leben: Matthäus 7,21; Johannes 15,14ff.; Römer 16,26

(»Das Wesen echten, rettenden Glaubens«, John MacArthur Studienbibel, S. 2150, Liste 2)

B. Verbindlichkeit deinem Ehepartner gegenüber

1. Verbindlichkeit in der ________________ der ehelichen Beziehung

• 1. Mose 2,24	eine ausschließende Beziehung des »Verlassens und Anhängens«
• Maleachi 2,13-16	eine vertragliche Verpflichtung
• Sprüche 5,15-19	eine innige körperliche Beziehung
• Epheser 5,23-33	eine bildhafte Veranschaulichung, welche die Beziehung zwischen Christus und der Gemeinde widerspiegelt

2. Verbindlichkeit in deiner biblischen ______________

1. Korinther 11; Epheser 5,22-33; 1. Petrus 3,1-7

- Der Ehemann: dienender Leiter, Liebender, Lernender
  1. Petrus 3,7
  Jakobus 1,25
- Die Ehefrau: die »Ehre Erweisende«, Gehilfin, weise Hausfrau
  Sprüche 14,1
  Titus 2,5
  Jakobus 1,25

C. Verbindlichkeit deiner Familie gegenüber

Dies beinhaltet zwei Elemente: Verwalterschaft und Jüngerschaft.

1. Verwalter der Wahrheit über den einen wahren Gott und seine Werke

(5. Mose 6,1-9)
Nach Gottes Plan geschieht die Weitergabe von Glauben, Gerechtigkeit und Wahrheit von einer Generation zur nächsten durch die Familie.
Ist dein Glaube echt und aufrichtig – oder eine scheinheilige Fälschung? Deine Kinder werden dies feststellen, und es wird sie in die eine oder andere Richtung beeinflussen. Deine Wirkung auf sie ist gewaltig: *Ein Leben prägt ein anderes Leben lebenslang.*

2. Verwalter der ______________________

Römer 8,16
1. Petrus 3,7
Siehe, Kinder sind eine Gabe des HERRN … Wohl dem Mann, der seinen Köcher mit ihnen gefüllt hat! (Psalm 127, 3a.5a).
Christen sollen dem Gebot des Herrn, andere »zu Jüngern zu machen« (Matthäus 28,19) gehorsam sein. Dies muss zu Hause anfangen.

Deine Frau ist wie ein fruchtbarer Weinstock im Innern deines Hauses; deine Kinder sind wie junge Ölbäume rings um deinen Tisch (Psalm 128,3).
Bereitest du den Boden vor, auf dem du diese Pflanzen in einer warmen, fürsorglichen Umgebung aufziehen kannst, so dass sie eines Tages an einen anderen Ort gepflanzt werden können?

3. Vernachlässigte Jüngerschaft

- Die Geschichte Israels
  Und das Volk diente dem Herrn, solange Josua lebte und solange die Ältesten da waren, die Josua überlebten, welche alle die großen Werke des Herrn gesehen hatten, die er an Israel getan hatte (Richter 2,7).
  Und als auch jene ganze Generation zu ihren Vätern versammelt war, kam eine andere Generation nach ihnen auf, die den Herrn nicht kannte noch die Werke, die er an Israel getan hatte (Richter 2,10).
  Und dann:
  Da taten die Kinder Israels, was böse war in den Augen des Herrn, und sie dienten den Baalen; und sie verließen den Herrn, den Gott ihrer Väter, der sie aus dem Land Ägypten herausgeführt hatte, und folgten anderen Göttern nach, von den Göttern der Völker, die um sie her wohnten, und beteten sie an und erzürnten den Herrn (Richter 2,11-12; siehe auch Psalm 78,5-8).
  Wie konnte so etwas geschehen? Sie haben 5. Mose 6,1-9 außer Acht gelassen.
  Das Ergebnis:
  Jeder tat, was recht war in seinen Augen (Richter 21,25).
  Götzendienst, Chaos und Zerstörung sind die Folge, wenn man Gott vergisst (Jeremia 7,18-34; 19,13).
- Dasselbe Prinzip trifft für die Gemeinde Jesu Christi unserer Tage zu. Die Stärke von Ortsgemeinden beruht auf der geistlichen Stärke ihrer Familien.
  1. Timotheus 3,4; Titus 1,6

D. Verbindlichkeit gegenüber anderen Menschen

1. In der Gemeinde

- verpflichtet, dem Leib Christi zu dienen (Galater 6,10)
- die »Einander«-Aufforderungen erfüllen (s. Anhang I)
- die geistlichen Gaben gebrauchen (1. Korinther 12, Epheser 4)

2. In der Welt

- Matthäus 28,19-20
- Apostelgeschichte 1,8

Zusammenfassung:

Die Prioritäten der Eltern:

- Verbindlichkeit gegenüber dem Herrn Jesus Christus
- Verbindlichkeit deinem Ehepartner gegenüber
- Verbindlichkeit deiner Familie gegenüber
- Verbindlichkeit gegenüber anderen Menschen

Schlüssel: Das Ausmaß unserer Hingabe an Christus wird die Wirksamkeit der anderen drei Verantwortungsbereiche bestimmen.

Fragen

Vertiefung der Prinzipien von Lektion 1

1. Lies Anhang II: *Hinweise für das Studium zu Hause.*

2. Lies nochmals die Lektion und die dazugehörigen Anhänge. Nimm dir in dieser Woche Zeit, die vielen wichtigen Schriftstellen dieser ersten Lektion über die Prioritäten der Eltern zu studieren.

3. Überprüfe deine eigene Verbindlichkeit und Hingabe. Dürstest du nach Gott, wie ein Hirsch nach Wasser lechzt? Bezogen auf den Abschnitt über das Wesen echten, rettenden Glaubens: Wo ist bei dir Wachstum nötig? Was könntest du in diesen Bereichen in der kommenden Woche tun?

4. Denke über die einzigartigen Eigenschaften der ehelichen Beziehung nach. Wird diese Einzigartigkeit für eure Kinder sichtbar? Sie brauchen Gelegenheiten, um zu erkennen, dass deine Beziehung zu deinem Ehepartner etwas anderes ist als ihre Beziehung zu euch als Eltern. Überlegt gemeinsam, wie ihr euren Kindern dieses Konzept immer wieder veranschaulichen könnt.

5. Überdenkt euer Rollenverständnis als Ehemann und Ehefrau.

   - Ehemann: Überprüfe dich selbst im Hinblick auf die drei Verantwortungsbereiche, die in dieser Lektion kurz beschrieben wurden: dienender Leiter, Liebender und Lernender. In welchem Bereich denkst du, dass du am stärksten bist? In welchem am schwächsten? Warum? Wie kannst du in dieser Woche beginnen, an einer Verbesserung zu arbeiten? Auch deine Frau hat drei Hauptaufgabenbereiche. In welchem Bereich schätzt du ihren Dienst am meisten?
   - Ehefrau: Überprüfe dich selbst im Hinblick auf deine Aufgaben, die in dieser Lektion beschrieben wurden: die »Ehre Erweisende«, Gehilfin und weise Hausfrau. Wo bist du am stärksten? Wo am schwächsten? Warum? Überlege dir,

womit du in dieser Woche beginnen kannst, um in diesen Punkten zu wachsen. Auch dein Mann hat drei Hauptaufgabenbereiche. In welchem Bereich schätzt du seinen Dienst am meisten?

6. Was bedeutet es, Verwalter zu sein und Jünger zuzurüsten? Hat mit dir jemals jemand eine Jüngerschaftsschulung durchgeführt? Hast du andere zur Jüngerschaft angeleitet? Unterhaltet euch darüber, wie eure früheren Jüngerschafts-Beziehungen zu eurer Erziehungsaufgabe in Beziehung stehen.

7. Überprüfe deine gegenwärtige Mitarbeit in der Gemeinde. Dienst du aktiv dem Leib Christi? Die Aufgabe der Kindererziehung schließt andere Dienste nicht aus. Vielmehr werden deine Kinder davon profitieren können, wenn sie dich in deinem Dienst beobachten und dir dabei helfen.

8. Wie dienst du um Christi Willen den Verlorenen in deiner Umgebung und in der Welt?

9. Zum Abschluss der Überprüfung deiner vier Verantwortungsbereiche (gegenüber dem Herrn Jesus Christus, deinem Ehepartner, deiner Familie und anderen Menschen) bringe deinen Arbeitsplan mit deinen Prioritäten in Einklang. Was kannst du in dieser Woche konkret tun, um diese Veränderung zu bewirken?

Persönliche Notizen:

Lektion 2
Das Ziel der Eltern

II. Das Ziel der Eltern

Was ihr auch tut – tut alles zur Ehre Gottes! (1. Korinther 10,31).
In 2. Petrus 1,2-4 heißt es, dass Gott uns alles, was wir zum Leben und zum Wandel in Gottesfurcht brauchen, gegeben hat.
Psalm 19,8-10
Alles, was christliche Eltern wissen müssen, um ihre Kinder in einer Gott wohlgefälligen Weise zu erziehen, findet man in der Bibel.
2. Timotheus 3,16-17
Die verändernde Kraft der biblischen Prinzipien kann nur von denen verstanden, verinnerlicht und mit Segen umgesetzt werden, die durch Glauben an seinen Sohn Gottes Eigentum (d.h. errettete Eltern) sind.
1. Korinther 2,14
Also: Die Prinzipien, die wir hier lernen, werden sich am wirksamsten in einem Zuhause umsetzen lassen, das dem Plan Gottes für die Familie entspricht.
Ehemann, Vater (1. Korinther 11,3; 1. Timotheus 5,8)
Ehefrau, Mutter (Titus 2,4-5)
Das Ziel der Erziehung ist, ein treues Werkzeug in Gottes Händen zu sein, um bei der Erziehung unserer Kinder gemäß den uns von Gott gegebenen Prinzipien eine aktive Position einnehmen zu können.

- Dieses Ziel, nämlich ein treues Werkzeug (ein treuer Verwalter) zu sein, beruht auf dem Verständnis von zwei wichtigen Faktoren:

A. Gottes Bild vom Menschen

1. Der Mensch ist *nicht* von Natur aus gut

Das Ziel des natürlichen Menschen ist es, sich selbst gut zu fühlen, um dadurch besser zu ›funktionieren‹ (der Kult ums Selbstwertgefühl). Diese unbiblische Sichtweise hat sich in die Gemeinde eingeschlichen und viele Gläubige verführt.

2. Der Mensch ist von Natur aus ____________________ .

Die Bibel zeigt sehr deutlich, dass jeder Mensch ein Sünder ist.

- Römer 3,10-11
  Sünde wirkt sich auf den ganzen Menschen aus.
  Auf den Willen: Johannes 8,34; Römer 7,14-24; Epheser 2,1-3; 2. Petrus 2,19
  Auf das Denken und den Verstand: 1. Mose 6,5; Römer 8,7; 1. Korinther 1,21; Epheser 4,17
  Auf die Stimmungen und die Gefühle: Römer 1,24-27; 1. Timotheus 6,10; 2. Timotheus 3,4
  Auf das nach außen gerichtete Reden und Verhalten: Markus 7,21ff.; Galater 5,19-21; Jakobus 3,5-9
  Totale Verdorbenheit

[Buchempfehlung: J. MacArthur, *Das verlorene Gewissen,* CLV 2002]

In diesem sündhaften Zustand kommt ein Kind auf die Welt.
Psalm 58,4
Psalm 51,7

Im selben Augenblick, in dem menschliches Leben empfangen wird, ist dieses in seiner Natur durch und durch sündig.

- Die Tatsache, dass ein Kind zuweilen verhältnismäßig gut denken, reden oder handeln kann (Lukas 11,13; Römer 2,14ff.), widerlegt nicht seine totale Verdorbenheit.

- Jedes Kind ist völlig gefallen und braucht daher auch völlige Erlösung.
  Darum müssen ihm sein sündiger Zustand sowie dessen schreckliche Auswirkungen für Zeit und Ewigkeit von der Schrift her aufgezeigt werden – und auch, dass es durch keine äußeren Werke oder durch Verhalten seine Errettung verdienen kann (Epheser 2,8-9).
  Es muss angeleitet werden, Jesus Christus als seinem persönlichen Retter und Herrn zu vertrauen (Johannes 3,16; Apostelgeschichte 16,30-31).

- Die Schrift lehrt, dass das Herz die zentrale Kontrollstelle des Lebens ist.
  1. Mose 8,21
  Jakobus 1,14-15
  Sprüche 4,23
  Das Leben eines Menschen spiegelt wider, was in seinem Herzen ist (siehe auch Markus 7,21ff.; Jeremia 17,9).
  Siehe Anhang III: *Das Herz-Diagramm*

- Also: Die Kernfrage der Erziehung betrifft das Innere, das Herz des Kindes – nicht nur sein Verhalten.
  Das Anliegen der Eltern sollte sein, dem Kind zu helfen, seine Sünde zu erkennen (durch Beschäftigung mit Gottes Geboten). Infolgedessen wird dadurch sein betrügerisches und hoffnungslos böses Herz offenbart (Jeremia 17,9).
  Eine solche Unterweisung führt zum Kreuz Christi und unterstreicht die Notwendigkeit eines Erlösers und des Erlösungswerks (2. Korinther 5,15; 1. Petrus 2,21-25).

- Erziehung muss auf Christus hin ausgerichtet sein (1. Korinther 15,3-5).

Nur *in Christus* kann ein Kind, das von der Sünde überführt wurde, Hoffnung, Vergebung, Erlösung und Kraft finden, um ein Leben zu führen, das Gott angenehm ist. Und nur nach der Wiedergeburt gestaltet der innewohnende Geist Gottes das Kind um und bringt geistliche Tugenden und echte Frucht des Geistes hervor (Epheser 2,1-10).

B. Gottes Anweisung an Eltern

Und ihr Väter, reizt eure Kinder nicht zum Zorn, sondern zieht sie auf in der Zucht und Ermahnung des Herrn (Epheser 6,4).

1. Das Wesen der Anweisungen Gottes

In Epheser 6,4 finden wir die Schlüsselaussage: »zieht sie auf« (*ektrepho*).
Dieser Ausdruck bedeutet *zärtlich für das Kind sorgen*, indem man ihm das gibt, was es benötigt, um zur Reife heranzuwachsen.
Im Griechischen steht der Ausdruck im Aktiv: »Ihr Eltern, zieht sie auf«.
Es ist keine passive Formulierung, diese würde nämlich etwa so lauten: »Ihr Kinder werdet aufgezogen«.
Es ist auch kein »Medium«[1] wie z.B.: »Kinder, zieht euch selbst auf«.
Sprüche 22,6
Die Bibel lehrt nicht, dass das Kind neutral ist, oder dass jeder Aspekt seines Wunsches nach Selbstbestimmung moralisch neutral ist. Es ist sündig (Römer 3,10-18).
Im christlichen Verständnis gibt es keine passiven Eltern (Sprüche 1,1-7; Jakobus 1,5).
Ein passives Verständnis von Erziehung läuft letztlich nur auf Ausflüchte hinaus.
Unsere eigene Sünde und unser falsches Denken verleiten uns zur Passivität.
David ist ein trauriges Beispiel dafür:

- Samuel 13,1-39: Amnon vergewaltigt Tamar; David greift nicht ein, schließlich tötet Absalom Amnon.

- Samuel 15-19: Absalom versucht das Königreich an sich zu reißen.

- 1. Könige 1,5-31: Adonija erklärt sich selbst zum König.

Wir müssen aktiv der Aufgabe nachkommen, unsere Kinder aufzuziehen.

Das gilt insbesondere für den Vater. Die Mutter ist natürlich auch beteiligt (Epheser 6,1-3 bezieht sich auf beide Elternteile; siehe auch Sprüche 1,8; 31). Aber einige Väter brauchen eine *Extra*-Aufforderung.

Warum die Väter? 1. Korinther 11; 1. Timotheus 3

»Aufziehen« ist nicht nur ein Ausdruck im Aktiv, es steht auch im *Präsens*. Dies drückt fortwährendes Handeln aus.

Erziehung ist Arbeit, aber wenn sie fortlaufend getan wird, lässt sie sich bewältigen.

Entweder sind Eltern bestrebt, nach und nach treue Werkzeuge Gottes zu werden, die ihre Kinder nach biblischen Prinzipien aufziehen (wie das Beispiel in 5. Mose 6),

oder

sie vernachlässigen diese Verantwortung, indem sie passiv bleiben (lies über den Acker des Faulen in Sprüche 24,30-34).

»Zieh sie auf« ist ein *Imperativ*, ein Befehl – kein Vorschlag, über den man frei entscheiden kann.

2. Die Umsetzung der Anweisungen Gottes

Wir müssen zwei Schlüsselbegriffe aus Epheser 6,4 verstehen, um die Anweisungen Gottes umzusetzen: *Zucht* und *Ermahnung*.

a) Zucht (*paideia*)

Dieses Wort kann im Zusammenhang von Epheser 6,4 am besten unter dem Oberbegriff *praktische Unterweisung* zusammengefasst werden.

Eltern sollen ihre Kinder systematisch unterweisen. Die Methoden oder die Werkzeuge, um das mit diesem Begriff umschriebene Ziel zu erreichen, beinhalten Regeln, Vorschriften, Verbote, Belohnung, Korrektur und feste Ordnungen.

Eine solche praktische Unterweisung stellt ein Gerüst dar, anhand dessen eine weise Lebensführung eingeübt werden kann.

Eine konkrete Auswirkung der Verderbtheit des Kindes ist seine *Naivität* (Sprüche 1,4; 7,7; 15,5; 22,3). Daher brauchen Kinder

solche Eltern, die sie »aufziehen«, die sie anleiten, wie sie vernünftig leben können.
Zur Unterstützung der praktischen Unterweisung ist es notwendig, dass Eltern Regeln aufstellen. Es gibt allerdings nicht »die« Liste von Regeln, Richtlinien und Verboten, die für alle Familien geeignet ist. Gott hat den Eltern sein Wort gegeben und will sie dadurch führen und leiten. So können Eltern mit der Weisheit, die aus den biblischen Prinzipien kommt, eine Hausordnung aufstellen, die auch verändert werden kann und sich mit ihrem Gewissen vereinbaren lässt.

Was man unbedingt beachten sollte:

Zucht dient nicht nur dem Zweck, das Verhalten des Kindes zu formen. Es ist auch ein Mittel, durch das Eltern dem Kind die Notwendigkeit aufzeigen, dass es Christus braucht. Wenn ein Kind es nicht schafft, nach den Maßstäben, die ihm beigebracht wurden, zu leben, ist dies eine Gelegenheit, zu erklären, dass es den Erlöser braucht.
Siehe Anhang IV: *Erziehung und das alttestamentliche Gesetz*
Noch eine Bemerkung über einen sehr wichtigen Aspekt der praktischen Unterweisung: *Korrektur*. Das bedeutet Bestrafung für Fehlverhalten. Elterliche Korrektur hilft dem Kind, das sehr wichtige Prinzip zu lernen, dass man erntet, was man sät.
Korrektur schließt körperliche Züchtigung mit ein, ist aber nicht darauf beschränkt.
Beachte folgende Verse: Sprüche 13,24; 19,18; 23,13-14; 29,15.
Obwohl viele Eltern sich vor diesem Teil ihrer Verantwortung drücken, ist es manchmal unumgänglich, die Kinder zurechtzuweisen. Aber dies ist ein zweckdienlicher Konflikt.
Traurigerweise haben sogar David, Eli und andere Patriarchen darin versagt, ihre Söhne angemessen zu strafen (1. Samuel 2,29; 3,13; 1. Könige 1,6).
Aber um Eltern nach biblischen Maßstäben zu sein – d.h. nach Gottes Vorgabe zu erziehen – müssen wir gewillt sein, Gottes Wort zu vertrauen und auch in diesem Bereich gehorsam zu sein.

(Biblische Zucht wird in einer späteren Lektion genauer behandelt werden.)

b) ______________________________ (***nouthesia***)

Im Gegensatz zu dem allgemeinen Ausdruck *Zucht* ist dieser Begriff spezifischer. Wörtlich beinhaltet er die Idee von »ins Gedächtnis schreiben« und wird manchmal auch mit *Warnung* oder *Zurechtweisung* übersetzt.

Die Furcht des HERRN ist der Anfang der Erkenntnis (Sprüche 1,7).

Gottes Wort ist das Werkzeug, das er uns gibt, um unsere Kinder zu lehren, und auf dieses Wort berufen wir uns, wenn sie vom rechten Weg abkommen.

Hebräer 4,12

Wenn wir unsere Kinder aufziehen, brauchen wir eine angemessene Ausgewogenheit zwischen Zucht und Ermahnung. Das Verhältnis wird sich mit dem Alter des Kindes und seiner Verantwortung verschieben.

Siehe Anhang V: *Die Eltern-Kind-Beziehung* (eine Grafik über das Verhältnis von Zucht und Ermahnung).

Zusammenfassung:

In dieser Lektion haben wir *das Ziel der Eltern* betrachtet – nämlich Gott zu gefallen, indem wir darin treu sind, unsere Kinder aktiv und nach biblischen Prinzipien aufzuziehen.

Dieses Ziel beruht auf Gottes Sicht, dass alle Menschen, einschließlich unserer Kinder, Sünder sind. Unser Ziel beruht außerdem auf Gottes Anweisungen an Eltern, Kinder in der *Zucht* und *Ermahnung* des HERRN aufzuziehen.

Ein wichtiger Gedanke, den man unbedingt wiederholen sollte: Unsere Zucht und Ermahnung dient nicht vornehmlich dem Zweck, unsere Kinder bestimmten äußeren Verhaltensnormen anzupassen.

Des Weiteren dürfen wir nie auf Grund des Verhaltens unseres Kindes zu dem Schluss kommen, dass einsichtiges Verhalten mit einer Beziehung zu Christus gleichzusetzen sei.

Fragen

Vertiefung der Prinzipien von Lektion 2

1. Arbeite die Lektion nochmals durch, einschließlich aller Anhänge und Schriftabschnitte. Schreibe alle Fragen auf, die du zum Inhalt dieser Lektion hast.

2. Angenommen, deine nichtchristlichen Nachbarn beobachten, dass deine Familie anders ist als ihre, und bitten dich um einige Ratschläge zur Erziehung. Was wirst du ihnen aufgrund dieser Lektion und deiner eigenen Überlegungen antworten? Warum?

3. Drücke mit eigenen Worten aus, was euer eigentliches Ziel als Eltern ist. Ist dieses Ziel biblisch? Vielleicht solltet ihr euer Ziel aufschreiben und zu den Gebetsanliegen legen.

4. Studiere Anhang III, *Das Herz-Diagramm*, und die darin aufgeführten Schriftstellen. Wie sollte sich die in Jeremia 17,9; Sprüche 4,23, Markus 7,20-23 und Hebräer 4,12 vermittelte Wahrheit auf die Zucht und Ermahnung deines Kindes im Verlauf seines Heranwachsens auswirken?

5. Denke nochmals über den Teil der Lektion nach, der sich mit Epheser 6,4 – *Gottes Anweisungen an Eltern* – beschäftigt. Wie ist dein gewohnheitsmäßiger Umgang mit deinen Kindern?

   - Leitest du sie mit Einsicht oder treibst du sie an?
   - Bist du aktiv oder passiv in deiner Aufgabe als Vater bzw. Mutter?
   - Bist du bei deinem Kind »auf dem Laufenden« und arbeitest beständig an neuen Dingen, seinem Alter und seiner Entwicklungsstufe entsprechend?
   - Hast du eine angemessene Autoritätsrolle angenommen, in dem Bewusstsein, dass das Aufziehen der Kinder ein Befehl ist und kein Vorschlag?

Überdenke deine eigenen Stärken und Schwächen im Licht der oben genannten Punkte. In welchem Bereich musst du wachsen? Welche Schritte kannst du in Richtung einer anhaltenden Veränderung tun?

6. Oft denken wir bei dem Wort *Zucht* nur an *Strafe*. Arbeite nochmals denjenigen Abschnitt der Lektion durch, in dem es um praktische Unterweisung geht. Sieh dir in Anhang V das Schaubild der *Eltern-Kind-Beziehung* an. Mach dir die Extreme klar: Zu wenig Ordnung erlaubt dem Kind, sich für selbstständig zu halten und den elterlichen Anordnungen in verschiedenen Bereichen zu widerstehen.

> Nehmen wir z.B. einen Achtjährigen, der nach Hause kommt und ohne um Erlaubnis zu fragen und ohne zeitliche Einschränkung fernsehen darf. Nach einer Stunde bitten die Eltern ihn, bei der Hausarbeit zu helfen oder Klavierspielen zu üben. Das Kind gehorcht nicht. Warum? Übertriebene Nachsicht gegenüber den selbstständigen Entscheidungen des Kindes hat dazu geführt, dass es meint, immer frei entscheiden zu können, was es zu tun und zu lassen hat. Ein solches Verhalten verunehrt die Eltern sehr.

Auf der anderen Seite kann zu viel Ordnung ein Kind entmutigen, weil es keine Möglichkeit sieht, sich seinen Eltern mitzuteilen. Das kann das Kind zum Zorn reizen. Es braucht Gelegenheiten zum Wachsen, indem es aus den Folgen seiner eigenen Entscheidungen lernt.

Das richtige Verhältnis, das man hier finden muss, unterscheidet sich von Familie zu Familie, manchmal sogar von Kind zu Kind, weil jedes Kind einzigartig ist. Erziehung ist eine wunderbare Möglichkeit, Gott zu vertrauen, dass er Weisheit schenkt, und in Erinnerung zu behalten, dass er in seiner Gnade und Barmherzigkeit sogar unsere Fehler, unser Versagen und unsere Sünde gebrauchen kann, um mit seinen Absichten zum Ziel zu kommen (Römer 8,28; Philipper 1,6).

Lektion 3
Die Herausforderungen der Eltern

III. Die Herausforderungen der Eltern

A. An der richtigen Motivation festhalten

Es gibt in der Tat eine Neigung, die Erziehung nur ergebnisorientiert auszurichten.
4. Mose 20,8-13
2. Korinther 10,3-6
Epheser 6,12

1. Gott gefallen oder ____________________ gefallen

Das Motiv der Eltern muss es sein, Gott zu ehren. Das ist eine höhere Motivation als das Streben nach persönlichem Glück (1. Korinther 10,31).
Zucht und Ermahnung aus einer selbstsüchtigen Motivation heraus wird nicht zu einer von Gott gesegneten Veränderung führen.
Darum müssen Eltern den Problemen ins Auge sehen, denn sie bieten Gelegenheiten zur Schulung und praktischen Unterweisung, die zu Gottes Ehre sind und nicht nur dem eigenen Vergnügen dienen.
Das richtige Motiv ist: »ihm wohlzugefallen« (2. Korinther 5,9).
Dein Gehorsam gegenüber dem Wort Gottes gepaart mit dem richtigen Beweggrund macht dich zu einem treuen Werkzeug in Gottes Händen.
Biblisch orientierte Erziehung lässt sich nicht notwendigerweise an der Reaktion des Kindes messen.
Gott zu gefallen und ihn zu ehren ist der stärkste Beweggrund. Es ist das einzige Motiv, das Hoffnung und Ausdauer hervorbringt.

2. Gott gefallen oder ____________________ gefallen

Eltern können es sich nicht leisten, sich von Vergleichen mit anderen leiten zu lassen.

Galater 1,10
Kolosser 3,22
2. Korinther 10,12
Wenn Familien sich mit anderen Familien vergleichen, um zu entscheiden, was gutes Benehmen und die richtigen Erziehungsmethoden sind, gibt es ein Problem. Noch schlechter ist es, zu denken, die eigene Methode sei geistlicher, und dann andere Familien danach zu richten.
Es ist ein ernst zu nehmendes Zeichen von Stolz, wenn man unbiblische Richtlinien aufstellt und mit diesen dann andere Christen richtet. Das zerstört die Einheit und Liebe, die den Leib Christi kennzeichnen sollten (Epheser 4,1-3; 1. Korinther 4,1-5).

3. Vertrauen oder ____________________

Eltern dürfen sich nicht durch eine falsche Art von Furcht leiten lassen (Sprüche 3,5-8; 1. Johannes 4, 16-18).
Wir müssen verstehen, was es bedeutet, Gott in jedem Bereich unseres Lebens zu vertrauen, einschließlich des Bereichs der Erziehung.
Gott zu vertrauen bedeutet, dass wir sein Wort studieren, um biblische Prinzipien für alle unsere Lebensbereiche zu erkennen. Wir lernen von älteren und klügeren Frauen und Männern Gottes eine weise Lebensführung. Aber wir vertrauen, dass Gott uns leitet, und wir vertrauen ihm in Bezug auf die Folgen unserer Entscheidungen.
Gott zu vertrauen gibt Hoffnung angesichts der Tatsache, dass wir als Eltern viele Male versagen.
Das Einzige, was Gott von uns fordert, ist unsere Treue (1. Korinther 4,2).
Die Heilige Schrift ist völlig ausreichend, um uns zu leiten.
Wir dürfen nicht furchtsam sein... Wir vertrauen Gott.

B. Den richtigen Schwerpunkt im Auge behalten

Das folgt aus dem, was wir bereits in Bezug auf die Motivation gesagt haben.

1. **Biblische Erziehung ist nicht ____________________ .**

Matthäus 22,37-40; 23,4
Eltern bekommen ein falsches Verständnis von Vertrauen, wenn sie die treue Anwendung des Wortes Gottes durch ein bestimmtes Erziehungssystem ersetzen.

2. **Biblische Erziehung bietet viele Möglichkeiten, die biblische Wahrheit anzuwenden.**

Mit anderen Worten: Es gibt nicht nur »einen Weg«.
Wenn es um Themen geht, die in der Heiligen Schrift nicht direkt angesprochen werden, müssen wir uns von der Liebe zu anderen leiten lassen (Galater 5,13) und ihnen Achtung entgegenbringen (Römer 14,19).
Und wir müssen klar unterscheiden – und zwar so deutlich wie möglich – zwischen einem biblischen Auftrag und unserer persönlicher Meinung.

3. **Biblische Erziehung geht nicht mit ________________ einher.**

Erziehung ist eine vielfältige Beziehung, die sich ein Leben lang auswirkt.
Der Schwerpunkt liegt hier auf der Beharrlichkeit (Galater 6,9).
Wir sind langfristig darin eingebunden.
Möchtest du nur sofortige Erleichterung in Bezug auf ein ärgerliches Problem oder eine Gewohnheit deines Kindes? Oder nimmst du dir die Zeit, um unter Gebet zum Kern des Problems vorzudringen (Sprüche 4,23; 20,5), so dass das Wesen deines Kindes verändert wird? Das ist ein echter Sieg mit Langzeitwirkung – ein Leben lang!
Galater 6,9

4. **Biblische Erziehung berücksichtigt die _____________ des elterlichen Einflusses.**

Eltern können die Ergebnisse ihrer Erziehungsbemühungen nicht steuern. Gott steuert sie.
Philipper 1,6

Galater 5,22-25
Hebräer 4,12
Du kannst das Herz eines Kindes nicht verändern; nur der Heilige Geist kann dies unter Gebrauch des Wortes Gottes, in Übereinstimmung mit dem vollkommenen Willen Gottes, tun (Jeremia 24,7; Römer 10,13-17).
Letztendlich ist ein Kind Gott gegenüber verantwortlich. Jeder Mensch muss eines Tages für sein eigenes Leben Rechenschaft ablegen (Hesekiel 18, Römer 14,12).

C. Auf die richtige Ausgewogenheit achten

Beachte vor allem die fehlende Ausgewogenheit in folgenden Bereichen:

1. Äußeres Verhalten und ____________ (Bergpredigt, Matthäus 5 – 6)

Mit anderen Worten: Es geht darum, ob man vorrangig das Verhalten des Kindes bestimmen und steuern will oder durch Gottes Wort und das Gebet das Herz des Kindes erreichen möchte.
Du möchtest ja dein Kind nicht dazu anleiten, ein Pharisäer zu werden, bei dem äußerlich alles gut aussieht, im Herzen aber alles korrupt ist (Matthäus 23,23-24.27-28).
Anpassung an äußere Regeln darf nicht mit einer rettenden Erkenntnis Jesu Christi gleichgesetzt werden (Lukas 18,9-30 – die Geschichte von dem Pharisäer und dem Zöllner; Kolosser 2,20-23).

2. Freiheit und ____________________ (Galater 5,13-14; 1. Petrus 2,16)

Das ist dann der Fall, wenn man auf der einen Seite zu viel Freiheit einräumt, ohne auf der anderen Seite ausgleichende Einschränkungen vorzunehmen und Verantwortungen auszuteilen.
Kinder brauchen elterliche Führung, um zu lernen, wie sie Sieg über selbstsüchtige Wünsche haben können. Wenn das Kind Selbstbeherrschung gelernt hat, sollten die Eltern ihm mehr Freiheiten geben, damit es sein Verantwortungsbewusstsein unter Beweis stellen kann. Das Ausdehnen von Vorrechten verdeutlicht ihm das Prinzip vom Säen und Ernten (Galater 6,7).

3. Freundschaft und ______________________

Jesus ist unser bester Freund. Er ermutigt uns, zuversichtlich und frei zu ihm zu kommen, damit wir in Zeiten der Not Hilfe bekommen (Hebräer 4,15-16). Aber diese Zuversicht, die wir haben, darf nie dazu führen, unsere Ehrfurcht und Achtung vor ihm zu verlieren.

Ebenso ist Freundschaft ein Aspekt der Beziehung, derer sich Eltern mit ihren Kindern erfreuen. Aber es muss eine angemessene Ausgewogenheit zwischen unserer Freundschaft zu unseren Kindern und unserer Autorität über sie geben.

Gott gibt Gnade und Weisheit, um die rechte Ausgewogenheit diesbezüglich zu erlangen.

4. ______________________ und weniger wichtige Dinge

Matthäus 23, 23-24 – über das »Aussieben von Mücken und das Verschlucken eines Kamels«.

Es passiert schnell, dass man dominierend wird und Dinge überbetont, die nicht eindeutig biblisch sind.

5. Erziehung als ______________________ des christlichen Lebens im Gegensatz zu Erziehung als einem wichtigen Aspekt des christlichen Lebens (1. Korinther 10,31)

Wenn wir diese »Ewigkeits-Perspektive« beachten, wird unsere Rolle als Eltern mit allen anderen wichtigen Aufgaben, die Gott uns gegeben hat (d.h. Anbetung, Evangelisation, Dienst an anderen, geistliche Übungen usw.) im Gleichgewicht bleiben.

Zusammenfassung:

Unser Ziel als Eltern – treu im Anwenden biblischer Prinzipien zu sein – ist nicht kompliziert. Aber wenn wir dieses Ziel verfolgen, werden wir mit Herausforderungen konfrontiert. Wir brauchen die richtige Motivation, den richtigen Schwerpunkt und die nötige Ausgewogenheit. Diese Herausforderungen halten uns auf den Knien; somit ist unsere Erziehung Teil unseres

Glaubenslebens. Erziehung ist nicht das Abarbeiten einer Liste von Aufgaben, sondern es ist eine wunderbare Gelegenheit, Gott zu vertrauen.

Fragen

Vertiefung der Prinzipien von Lektion 3

1. Arbeite diese Lektion nochmals durch, einschließlich aller Schriftstellen.

2. Mit welchem oder welchen der drei in dieser Lektion genannten falschen Motiven (sich selbst zufrieden zu stellen, andere zufrieden zu stellen und sündige Furcht) hast du am meisten zu kämpfen? Nenne Beispiele. Was musst du »ablegen« und was »anziehen«? Wie willst du das umsetzen?

3. Kennst du Beispiele aus der Schrift, wo Eltern Gott vertraut haben in Fragen, die ihre Kinder betrafen (z.B. 1. Mose 22)? Stelle diesen einige negative Beispiele gegenüber (z.B. 1. Mose 25). Liste aufgrund deines rückblickenden Studiums einige spezifische Aspekte der Erziehung oder spezifische Bereiche des Lebens deines Kindes auf, in denen du Gott vertrauen solltest.

4. Erziehung bietet dir eine Gelegenheit zu erkennen, wo dein Denken durch die Heilige Schrift geformt werden muss. Welche ängstlichen oder anderen sündigen Gedanken musst du ablegen? Als Hilfe denke über Psalm 56,4; Sprüche 3,5-7; Jesaja 41,10 und Philipper 4,6-7 nach.

5. Überprüfe deine Erziehung anhand dieser fünf Punkte:

- Vertraust du der Erziehungs-»Methode« anderer anstatt täglich, Augenblick für Augenblick, im Glauben zu leben?
- Haben andere dich verurteilt oder hast du andere aufgrund unbiblischer Maßstäbe in der Erziehung verurteilt?
- Richtest du deine elterliche Aufmerksamkeit nur auf schnelle Lösungen? Gibst du in einer Sache schnell auf, wenn du keine Ergebnisse siehst?

- Bringst du treu deinem Kind das Wort Gottes nahe und vertraust dem Heiligen Geist, dass er sein Herz verändert? Oder gerätst du leicht in die Falle, zu denken, du könntest selbst das Herz deines Kindes verändern? Was verrät dein Handeln über deine Einstellung zu diesen beiden Fragen?

- Berücksichtigst du betend die Einzigartigkeit jedes Kindes?

6. Wie bereits erwähnt, existieren verschiedene praktische Lösungen für viele der alltäglichen Angelegenheiten, die zu Hause vorfallen. Ein vertrautes Thema, das diese Tatsache veranschaulicht, ist das Benehmen. Durch das Benehmen kann man anderen Achtung und Rücksicht erweisen. Welches Benehmen ist dir wichtig? Wie möchtest du, dass deine Kinder andere grüßen, Telefongespräche entgegennehmen und Erwachsene ansprechen? Wie sollen deine Kinder zu Hause reagieren, wenn du ihnen Anweisungen oder eine Aufgabe zu verrichten gibst? Entwickle einen Plan, um mit deinen Kindern an diesen Dingen in einer vernünftigen Art und Weise zu arbeiten.

7. Finde deine Stärken und Schwächen in Bezug auf jeden der fünf in dieser Lektion genannten Bereiche heraus, in denen Ausgewogenheit wichtig ist. Entwickle einen Plan für die Bereiche, in denen du am meisten zu kämpfen hast.

Lektion 4
Die Eltern als Zuchtmeister – Teil 1

IV. Die Rollen der Eltern

Wir haben einen Auftrag. Wir sollen uns – bezogen auf jeden Lebensbereich – als »Botschafter Christi« betrachten (2. Korinther 5,20).
Auf diesem Weg müssen wir als Botschafter in die unterschiedlichsten Rollen schlüpfen, so dass wir in der Lage sind, das gesteckte Ziel zu erreichen.

A. Die Eltern als Zuchtmeister

In Epheser 6,4 heißt es: »Und ihr Väter, reizt eure Kinder nicht zum Zorn, sondern zieht sie auf in der Zucht und Ermahnung des Herrn.«
In Lektion II, »Das Ziel der Eltern«, haben wir gelernt, dass »zieht sie auf« eine aktive, andauernde Anweisung ist. Wir haben festgestellt, dass Zucht am besten mit dem allgemeinen Begriff »praktische Unterweisung« beschrieben wird und Dinge wie Regeln, Vorschriften, Verbote, Belohnung, Korrektur und feste Ordnungen beinhaltet.
Sprüche 13,24; 19,18; 23,13-14; 29,15.
Einige hinterfragen Zucht, indem sie sagen, dass »viele, die hart gezüchtigt worden sind, missraten sind«. Aber das liegt nicht an biblischer Zucht. In Wirklichkeit ist es eher die Folge einer unbiblischen Zucht.

1. Unbiblische Zucht

a) … verlässt sich ____________________ darauf, das Kind zu kontrollieren.

Korrektur allein bewirkt nicht die Art von Veränderung, die wir bei unseren Kindern erreichen wollen, weil das Kind keine inneren Überzeugungen entwickelt.
Epheser 6,4 bringt Zucht mit biblischer Unterweisung ins Gleichgewicht.

Unausgewogene Zucht kann

- Kinder zur Rebellion ____________________.
- ____________________, dass sich innere Überzeugungen entwickeln.
  Darum, meine Geliebten, wie ihr allezeit gehorsam gewesen seid, nicht allein in meiner Gegenwart, sondern jetzt noch viel mehr in meiner Abwesenheit, verwirklicht eure Rettung mit Furcht und Zittern. (Philipper 2,12)
  Wird deine Korrektur durch entsprechende Unterweisung und Gespräche mit deinem Kind ausgewogen gestaltet?

b) … straft aus unkontrolliertem ______________ heraus (Sprüche 14,17; 16,32).

Aufbrausende Eltern sind niemals gute Zuchtmeister.

c) … straft, bloß weil das Kind ____________.

d) … straft ohne ausgleichende _________________.

Römer 13,7; Hebräer 10,25; 1. Thessalonicher 5,14
Mach dir die Mühe, deine Kinder zu beobachten, wenn sie etwas richtig machen, und *sag* es ihnen!
Martin Luther sagte: »Wenn du sparsam mit der Rute umgehst, verdirbst du dein Kind – das ist wahr. Aber lege neben die Rute einen Apfel, den du ihm gibst, wenn es etwas gut gemacht hat.«

e) … geht davon aus, dass Zucht ______________ und Leistungsfähigkeit einschränkt.

Kreativität und Leistungsfähigkeit werden eigentlich durch Zucht gesteigert. Dementsprechend wird *ein sich selbst überlassener Knabe seiner Mutter Schande bereiten* (Sprüche 29,15).
2. Timotheus 2,5

f) … geht davon aus, dass das Kind durch Strafe ______ wird.

Manche glauben fälschlicherweise, dass Zucht lieblos ist und das Kind verunsichert.
Die Bibel lehrt im Gegenteil, dass es zu schwerwiegendsten Problemen kommt, wenn es keine Ordnungen gibt. Ohne Zucht regiert nur Torheit im Herzen des Kindes (Sprüche 22,15).

g) … vernachlässigt ______________ Korrektur.

Züchtige deinen Sohn, solange noch Hoffnung vorhanden ist, und lass dir nicht in den Sinn kommen, ihn dem Tod preiszugeben (Sprüche 19,18).
Weil der Richterspruch über die böse Tat nicht rasch vollzogen wird, darum ist das Herz der Menschenkinder davon erfüllt, Böses zu tun (Prediger 8,11).
1. Samuel 3,13

h) … verzichtet auf den Gebrauch der ____________.

Erspare dem Knaben die Züchtigung nicht; wenn du ihn mit der Rute schlägst, muss er nicht sterben. Indem du ihn mit der Rute schlägst, rettest du seine Seele vor dem Totenreich (Sprüche 23,13-14).
Sprüche 22,15
Wer seine Rute spart, der hasst seinen Sohn, wer ihn aber lieb hat, der züchtigt ihn beizeiten (Sprüche 13,24).
»Jemand, der sein Kind aufrichtig liebt, es aber nicht körperlich bestraft, bringt die gleiche Art von Kind hervor, wie jemand, der seinen Sprössling hasst« (John MacArthur Studienbibel, Anmerkung zu Sprüche 13,24).
Rute und Zucht verleihen Weisheit, aber ein sich selbst überlassener Knabe bereitet seiner Mutter Schande (Sprüche 29,15).

2. Biblische Zucht

a) Sie geschieht _______________.

Hebräer 12,5-15
Eltern züchtigen aus Liebe, denn es ist Gottes Gebot, und es ist notwendig, um den Kindern Gehorsam und Selbstbeherrschung beizubringen.

Nützliche Grenzen…

- schaffen einen guten Rahmen zum _____________
  Beschränkungen sind die natürlichen Grenzen des täglichen Lebens, die es einem ermöglichen, systematisch an guten Charaktereigenschaften und gutem Benehmen zu arbeiten. Auch bei der Hausordnung spielen klar gesteckte Grenzen eine wichtige Rolle.
  Bei kleinen Kindern braucht man zunächst Grenzen, damit sie gute Gewohnheiten entwickeln und lernen, sich Autoritäten unterzuordnen. Zuerst tun sie etwas nur, weil man es ihnen sagt. Wenn sie größer werden, kann man jedoch die Grenzen gebrauchen, damit sie Verständnis für das Wort Gottes entwickeln und die Notwendigkeit erkennen, dass sie dem Wort Gottes gehorchen müssen.

- richten _______________ auf
  Ordnung hängt mit Selbstdisziplin, Umsicht, weiser Lebensführung und harter Arbeit zusammen.
  Auf der anderen Seite können Faulheit, Nachlässigkeit, Dummheit und mangelnde Selbstbeherrschung zu Hause Chaos anrichten. Es ist ein Zeichen von weiser Leiterschaft, wenn man Ordnung und nicht das Chaos pflegt (1. Timotheus 3,4; Sprüche 31,10-31).

- _______________ ein Kind vor Dingen, mit denen es nicht umgehen kann
  Erinnern wir uns daran, dass Kinder naiv und leichtgläubig sind. Und schlechter Umgang verdirbt gute Sitten (1. Korinther 15,33).

Außerdem gibt es Bereiche, die an und für sich nicht schlecht sein müssen, vor denen Kinder aber eine Zeit lang geschützt werden sollten, weil sie noch unreif sind.

- ___________ ein Kind auf Grenzen und Einschränkungen in seinem späteren Leben vor.
  Das Kind kann später als Erwachsener in seinen Begabungen, seinen Verdienstmöglichkeiten, seinem Wissen, seinen körperlichen Fähigkeiten bzw. seiner Gesundheit oder einfach durch mangelnde Gelegenheiten eingeschränkt sein.

- _______________ die Notwendigkeit der Unterweisung

- ____________ dem Kind seine Unfähigkeit auf, dem Maßstab Gottes zu entsprechen, und stellen heraus, dass es auf einen Retter angewiesen ist
  So wie das Gesetz der Lehrmeister ist, der uns zu Christus führt, so gebraucht Gott die Regeln, die Eltern zu Hause aufgestellt haben, um die Sünde des Kindes aufzudecken und es zu Christus zu ziehen (Römer 5,20; Galater 3,23).
  Gottes Maßstab fürs Leben ist das vollkommene Leben von Christus. Nach diesem vollkommenen Maßstab richtet Gott die Welt. Wenn das Kind diesem Maßstab nicht entspricht, hast du Gelegenheit, es in Liebe zurechtzuweisen, es auf den Zustand seines Herzens hinzuweisen und ihm zu erklären, dass Christus ihm bereitwillig vergibt.
  Keine Maßstäbe => keine Sünde => keine Notwendigkeit eines Retters.
  Niedrige Maßstäbe => Scheinheiligkeit => keine Notwendigkeit eines Retters.
  Gottes Maßstäbe => Sünde im Überfluss => die Gnade des Retters wird benötigt.
  Das Ziel ist, unsere Kinder treu zu unterweisen, so dass sie verstehen, was es bedeutet, Christus zu kennen, ihn zu lieben und dem Wort Gottes gegenüber gehorsam zu sein.

Zusammenfassung:

Wir haben unbiblische und biblische Zucht miteinander verglichen. Biblische Zucht spiegelt Gottes Wesen wider, indem sie in Liebe hilfreiche Grenzen setzt. Diese Grenzen bieten einen guten Rahmen fürs Lernen und fürs Aufstellen einer Hausordnung, sie schützen das Kind, bereiten es auf das Leben vor und zeigen ihm die Notwendigkeit der Unterweisung auf. Eine weitaus wichtigere Aufgabe der gesetzten Grenzen besteht jedoch darin, die Unfähigkeit des Kindes aufzudecken, sich – wegen seiner Verdorbenheit – an Maßstäbe halten zu können. Sie leisten einen entscheidenden Beitrag, damit das Kind die Notwendigkeit eines persönlichen Retters erkennt. Biblische Zucht weist das Kind auf Christus hin. Wenn das Kind wirklich bekehrt ist, hilft Zucht ihm auch, in der Christusähnlichkeit zu wachsen (fortschreitende Heiligung), indem das Kind durch sie lernt, wie man Lebensentscheidungen nach biblischen Prinzipien trifft.

Fragen

Vertiefung der Prinzipien von Lektion 4

1. Arbeite die Lektion nochmals durch, einschließlich der Anhänge und Schriftstellen.

2. Vergegenwärtige dir die aufgelisteten Kategorien (»Unbiblische Zucht« und »Biblische Zucht«). Wo neigt deine Zucht dazu, unbiblisch zu werden? Finde die eigentliche Ursache deiner Reaktionen heraus und wähle einige Bibelverse aus, über die du nachdenken willst, um unbiblisches Denken zu verändern (z.B. 1. Korinther 13,4-5; Philipper 2,3-4 usw.).

3. Neigst du dazu, dein Kind aufgrund deiner eigenen Vorlieben zu korrigieren, oder lenkst du seine Aufmerksamkeit auf die Maßstäbe des Wortes Gottes? Wenn deine Kinder sich zum Beispiel streiten, fährst du sie einfach an mit den Worten: »Seid nicht so laut!«, weil es dich stört? Oder gebrauchst du Gottes Wort (wie z.B. Sprüche 20,3), um sündige Motivationen im Herzen aufzudecken, die sich hinter dem Streit verbergen (Jakobus 4,1-3)? Je älter dein Kind ist, desto mehr sollte deine Unterweisung deutlich auf bestimmte Schriftstellen hinweisen, die das Kind dazu herausfordern, innere Überzeugungen aufzubauen.

   - Stelle eine Liste von Bibelversen zusammen, die sich mit allgemeinem, dummem und sündigem Verhalten von Kindern beschäftigen (z.B. lügen, zanken, murren, Zorn, Selbstsucht, Stolz, Ungehorsam usw.). Eine Konkordanz kann dir dabei helfen.

   - Stelle dir mindestens eine Situation vor, mit der dein Kind häufig zu kämpfen hat, und bereite dich darauf vor, diese Woche Gottes Wort genau in dieser Situation anzuwenden.

4. Suche nach Gelegenheiten, dein Kind zu ermutigen, wo es etwas richtig gemacht hat (Sprüche 12,25). Suche sorgfältig nach Stärken und lobe dein Kind speziell dafür. Zwischen Korrektur und Ermutigung muss Ausgewogenheit herrschen.

5. Schätze die Selbstbeherrschung deines Kindes in verschiedenen Lebensbereichen ein. Nicht alle der folgenden Beispiele stellen Sünde dar (oder treffen auf Kinder jeden Alters zu), aber ein Kind kann in diesen Bereichen die Selbstbeherrschung verlieren, wodurch ein Mangel an Mäßigkeit oder Angemessenheit deutlich wird. Selbstbeherrschung ist ein Charakterzug, der zu einer weisen Lebensführung, wie sie in den Sprüchen beschrieben wird, verhilft.

- Wird dein Kind aufhören zu spielen, zu toben oder laut zu lachen, wenn du sagst: »Jetzt ist es genug«?

- Hat dein Kind seine Begierden und Wünsche unter Kontrolle, oder braucht es deine Grenzen (Sprüche 25,16)? Bettelt es zum Beispiel ständig um Knabbereien oder Süßigkeiten und entwickelt womöglich den Lebensstil eines Schlemmers (Sprüche 23,19-21)?

- Neigt dein Kind dazu, übermäßig oder unangemessen zu reden (Sprüche 23,15-16)? Kann es Informationen vertraulich behandeln, wenn das angebracht ist, und so Diskretion zeigen (Sprüche 10,19; 12,23)?

- Kann dein Kind, wenn es noch jünger ist, an einem ruhigen Ort (z.B. in einem Klassenzimmer, in einem Restaurant oder im Gemeindesaal) still sitzen ohne ständig zu »zappeln«.

- Denkt dein Kind nach, bevor es handelt, oder ist es vorschnell in seinen Entscheidungen oder im Reden (Sprüche 18,13; 19,2)?

- Ist dein Kind (im Allgemeinen) ein Tagträumer, der sich durch jede Kleinigkeit ablenken lässt (Sprüche 18,1-2)?

- Beherrscht dein Kind seine Reaktionen auf Enttäuschungen oder körperliche Beschwerden (Sprüche 16,32)?

- Ist es in der Lage, sogar mit guten Dingen aufzuhören (besonders mit seiner Lieblingsbeschäftigung), wenn dies erforderlich ist?

- Ist dein Kind in der Lage, das zu tun, was richtig ist, ohne eine spezielle Aufforderung zu benötigen (Sprüche 6,6-11; 20,11)?

6. Lies Sprüche 16,32 und 25,28 und denke darüber nach. Was für Menschen werden hier miteinander verglichen? Was ist nach diesen Versen ein Kennzeichen wahrer Stärke?
Die Fähigkeit deines Kindes, sich von törichten Versuchungen abzuwenden und einem klugen und weisen Leben nachzustreben, wird zum Teil von der Selbstbeherrschung bestimmt, die es mit deiner Hilfe durch liebevoll gezogene Grenzen entwickeln kann. Du unterweist dein Kind durch den Einsatz von Regeln, Vorschriften, Belohnung und Korrektur, um es zur Reife zu erziehen. Eine der offensichtlichen und notwendigen Kennzeichen von Reife ist Selbstbeherrschung.

Wähle mindestens einen Lebensbereich aus, in dem dein Kind an seiner Selbstbeherrschung arbeiten muss. Bringe diese Sache im Gebet vor den Herrn und bitte ihn um Leitung, um einen Plan zu entwickeln, der deinem Kind hilft, in diesem Bereich zu wachsen. Kehre immer wieder zu diesem Abschnitt zurück, um den Fortschritt deines Kindes zu überprüfen.

7. Nachdem du über die wichtigsten Punkte und Schriftabschnitte dieser Lektion nachgedacht hast, überlege, ob es irgendeine andere Anwendung gibt, die du umsetzen solltest, um ein Täter des Wortes und nicht nur ein Hörer zu sein (Jakobus 1,22-25).

Lektion 5
Die Eltern als Zuchtmeister – Teil 2

In der nun folgenden Betrachtung über die Rolle der Eltern als Zuchtmeister werden wir weitere **Aspekte der biblischen Zucht** betrachten. Biblische Zucht folgt dem Vorbild Gottes, denn:

b) Sie ist __________________.

- Weise Regeln sind nicht beschwerlich.

- Man ist sehr leicht negativ eingestellt und lehnt Dinge ohne guten Grund ab.

- Ziehe die Fähigkeiten und das Verständnis des Kindes mit in Betracht: Sie stimmen nicht mit deinen eigenen Fähigkeiten und deinem Verständnis überein.

Gib ihnen genügend Zeit, das zu tun, worum du sie gebeten hast.
Gib nur so viele Anweisungen, wie das Kind verarbeiten kann.
Sei geduldig, wenn du dein Kind zu Fleiß und Verantwortung aufrufst.

- Es werden klare Anweisungen erteilt.

- Sowohl den Eltern als auch dem Kind müssen die Anforderungen (und auch die Konsequenzen) klar sein.

Ein Vorteil von klar definierten Regeln besteht darin, dass sie überprüfbar sind.
In unserer Funktion als Zuchtmeister müssen wir den Segen des Gehorsams und die schwerwiegenden Folgen des Ungehorsams deutlich machen. Das Prinzip von *Ursache und Wirkung* wird in der Bibel weder ignoriert noch verneint. Vielmehr stellt es ein hilfreiches Mittel dar und wird eingesetzt, um Gehorsam zu fördern und Ungehorsam einzuschränken oder davor zu bewahren.

- Das Prinzip von Ursache und Wirkung unterstreicht die Folgen unserer Entscheidungen (1. Korinther 9,24-27; Galater 6,7).
  Der Weg der Treulosen ist hart (Sprüche 13,13-15).
  Der Pfad der Redlichen ist gebahnt (Sprüche 15,19).

- Das Prinzip von Ursache und Wirkung veranschaulicht, dass es vorteilhaft ist, eine törichte Lebensweise zu verlassen, um sich einer weisen und wohlüberlegten zuzuwenden (Sprüche 15,5; 10,8).

- Das Prinzip von Ursache und Wirkung kann zur Buße führen.

- Das Prinzip von Ursache und Wirkung demonstriert einen Gegensatz (5. Mose 27-28).

Unsere Kinder sollen ihre Entscheidungen sorgfältig überdenken. Wir können ihnen dabei helfen, indem wir ihnen immer wieder klar aufzeigen, dass sie, je nachdem, wie sie sich entscheiden, mit Belohnungen oder mit unangenehmen Bestrafungen rechnen können.

»Möchtest du *dies* oder *jenes* haben?«
»Möchtest du *Lob* oder *Korrektur* von mir?«

c) Zucht, die *das Prinzip von Ursache und Wirkung* lehrt, besteht aus diesen beiden grundlegenden Elementen: Belohnungen und Bestrafungen.

- Belohnungen
  Ein reines Gewissen, elterliches Lob und Vorrechte sind die Belohnungen des Kindes für Gehorsam. In einzelnen Fällen kann es auch sein, dass Eltern ihren Kindern eine spezielle Belohnung zukommen lassen möchten.

- Bestrafungen
  Bestrafungen beinhalten etwas Schmerzhaftes – entweder körperliche Zucht oder Entzug von Vorrechten.

Erinnern wir uns: Gott ist die Quelle alles Guten und aller Vorrechte im Leben. Wir müssen unseren Kindern beibringen, Gott für alles dankbar zu sein. Dann wird der Verlust irgendeines Vorrechts auch dazu beitragen, dass das Kind das Prinzip des Säens und Erntens versteht.

Biblischer Zucht muss Nachdruck verliehen werden

Irrt euch nicht: Gott lässt sich nicht spotten! Denn was der Mensch sät, das wird er auch ernten. Denn wer auf sein Fleisch sät, der wird vom Fleisch Verderben ernten; wer aber auf den Geist sät, der wird vom Geist ewiges Leben ernten (Galater 6,7-8).

Kinder müssen verstehen lernen, dass Gott von ihnen erwartet, dass sie ihren Eltern gehorchen (Epheser 6,1; Kolosser 3,20). Ungehorsam muss daher Konsequenzen nach sich ziehen.

Eltern untergraben Gottes Erwartungen, wenn sie ihren Kindern erlauben, im Ungehorsam zu verharren.

Solche Eltern lehren einen falschen Maßstab, der schwierig durchzusetzen ist, und tolerieren die natürliche Neigung des Kindes zum Ungehorsam.

Verspäteter, teilweiser oder rein äußerlicher Gehorsam ohne die richtige Einstellung sind alles Beispiele für Ungehorsam.

Sei konsequent und halte dich an den von Gott gegebenen Maßstab.

Drohe deinem Kind keine Konsequenzen an, die du nicht umsetzen kannst oder willst.

Biblische Zucht muss dem Alter und der Reife des Kindes entsprechen

Weil der Richterspruch über die böse Tat nicht rasch vollzogen wird, darum ist das Herz der Menschenkinder davon erfüllt, Böses zu tun (Prediger 8,11).

Das Unbehagen in Bezug auf unmittelbar folgende Bestrafungen stellt für einen jungen Menschen eine enorme Hilfe dar, denn er wird sehr schnell den Zusammenhang zwischen Übertretung und schmerzhaften Folgen spüren und begreifen.

Außerdem richten unmittelbare Bestrafungen die dir von Gott verliehene Autorität auf. Die Klärung der Autoritätsfrage bei einem kleinen Kind kann helfen, spätere Probleme zu vermeiden.

Aus diesem Grund wird man kleinere Kinder öfter zurechtweisen oder bestrafen.
Sprüche 26,4
Wenn das Kind dann an Verständnis zunimmt, kann eine mildere Bestrafung angebracht sein.

Biblische Zucht muss der Art des Vergehens entsprechen

Mach dir die Mühe, den Unterschied zwischen Auflehnung (nicht nur äußerliches Verhalten, sondern auch Äußerungen der inneren Einstellung) und schlechten oder nachlässigen Gewohnheiten zu erkennen.
Man sollte bei auflehnenden Handlungen einschließlich frechen Widerworten, Unhöflichkeit, Lügen, unmoralischem Verhalten und anderen gravierenden sündigen Handlungen, die sich ändern müssen, (fast immer) körperliche Züchtigung anwenden.
Andere Strafen – abgesehen von körperlicher Züchtigung – sind wirksam, um ein Kind zu korrigieren und zu unterweisen, wenn das Vergehen mehr mit Nachlässigkeit statt mit Rebellion zu tun hat.

Sie muss in Liebe und mit Selbstbeherrschung ausgeführt werden

Eine sanfte Antwort wendet den Grimm ab, ein verletzendes Wort aber reizt zum Zorn (Sprüche 15,1).
Epheser 4,29

Sie sollte (wann immer möglich) vorher angekündigt werden

Siehe Anhang VI: *Gedanken zur körperlichen Züchtigung*
Siehe Anhang VII: *Hilfen zum Erkennen, Verändern und Entwickeln von Gewohnheiten*

Wenn du dein Kind züchtigst:

- Betone, dass du Belohnungen oder Bestrafungen aufgrund der Entscheidung des Kindes austeilst.

- Betone die Tatsache, dass vor allem Gott über sein Verhalten betrübt ist, nicht bloß du.

- Unterrichte dein Kind wiederholt darüber, dass das Verhalten seinen Ursprung im Herzen hat.

- Unterrichte dein Kind darüber, dass Konsequenzen nicht nur dem Zweck dienen, sein Verhalten zu ändern. Letztlich dienen sie dazu, ihm einzuprägen, dass es unfähig ist, Gottes Maßstab zu erreichen, dass seine einzige Hoffnung in der Vergebung liegt und dass die Kraft zur Veränderung durch Christus kommt.

Zusammenfassung:

Ermutige oft. Das Kind muss wissen, dass seine Eltern und Gott bestimmte Verhaltensweisen und Herzenshaltungen entweder gutheißen oder ablehnen.
Bete viel. Du bist in allem auf Gottes Hilfe angewiesen (Sprüche 3,5-6).
Bei den meisten Problemen handelt es sich nicht um große Sachen. Das Versagen des Kindes ist noch kein Weltuntergang. Gib nicht auf; es handelt sich hier um ein »Langzeitprojekt«. Im Grunde bietet das Versagen eines Kindes (und die anschließende Überführung von Sünde und Schuld) Gelegenheit zur Unterweisung und zu seelsorgerlichen Gesprächen. Diese Situationen ermöglichen es dir, die aussichtslose Lage des Kindes und die Notwendigkeit der Errettung zu betonen sowie auf die Kraft hinzuweisen, die allein in Christus liegt.
Rechne damit, dass du gewissen Problemen wiederholt begegnen wirst. Sünde und schlechte Gewohnheiten bei Kindern haben – wie auch bei uns – die Angewohnheit, wieder auftauchen zu wollen. Strafe und Zurechtweisung rotten unsere sündige Natur nicht aus. Schlechte Gewohnheiten können auch wieder zum Vorschein kommen, weil Eltern in dieser Sache nicht mehr wachsam waren.
Zum Beispiel, wenn wir damit beginnen, Warnungen und Erinnerungen zu geben, anstatt konsequent zu sein und anhaltend für das Kind sowie um eigene Weisheit zu beten.
Vertraue auf den Herrn. Er ist treu. Er kann sogar unsere Fehler zum Guten gebrauchen. Mach dir keine Sorgen, wenn du

meinst, in einer Sache mal nicht richtig gehandelt zu haben. Du wirst eine neue Gelegenheit bekommen!

Siehe Anhang VIII: *Ein einfacher Plan für die Kindererziehung*

Fragen

Vertiefung der Prinzipien von Lektion 5

1. Arbeite die Lektion nochmals durch, einschließlich der Anhänge und Schriftstellen.

2. Welche Regeln (einschließlich der Hausordnung), Vorschriften, Verbote etc. habt ihr zu Hause für jedes Kind? Sind sie vernünftig und gerecht? Überprüfe, ob diese Ordnungen noch geeignet sind. Wie würdest du die Ordnungen an das Alter und das Verantwortungsbewusstsein des jeweiligen Kindes anpassen? Die Ordnungen müssen von Zeit zu Zeit überprüft werden. Ziehe ein regelmäßiges Familientreffen in Betracht. Das kann eine wunderbare Möglichkeit sein, die Stärken deiner Kinder zu loben und mögliche Verwirrung hinsichtlich deiner Anforderungen und Erwartungen zu klären. Ihre Gedanken und Vorschläge können sehr wertvoll sein und helfen dir dabei, ein kluger und weiser Leiter zu sein. Zusätzlich können solche Familientreffen eine liebevolle Team-Atmosphäre zu Hause fördern.

3. In dieser Lektion wurde dargelegt, dass Belohnungen und Bestrafungen dem Kind helfen, das Prinzip von Ursache und Wirkung zu verstehen (Sprüche 13,13.18; Galater 6,6-7). Darum wird deine Erziehung hauptsächlich darauf ausgerichtet sein, deinem Kind zu helfen, dass es lernt, kluge und weise Entscheidungen zu treffen.

   Man könnte den Prozess der Entscheidungsfindung, aus der sich Gewohnheiten entwickeln, wie folgt veranschaulichen:

   Wie auf der Zeichnung dargestellt, wird ein Kind, das immer den eigenen Weg wählt und nicht dem weisen Rat der Schrift folgt, wahrscheinlich bei späteren Entscheidungen ebenfalls den eigenen Weg wählen (Sprüche 14,12; Prediger 8,11). Bestrafungen können dem Kind helfen, sorgfältig darüber nachzudenken, ob seine Entscheidungen klug oder töricht sind.

Auf der anderen Seite kann ein Kind, das anfängt, Gottes Weg über den eigenen zu stellen, lernen, dass sich dies auch bei zukünftigen Entscheidungen vorteilhaft auswirken kann. Ein reines Gewissen, Ermutigung der Eltern, das gottesfürchtige Vorbild anderer und (in manchen Fällen) Belohnungen helfen dem Kind zu lernen, dass es weise ist, Gottes Weg zu wählen (Sprüche 9,9; Hebräer 11).

4. Bestrafungen sollen dem Vergehen angemessen sein. Es ist auch hilfreich, Bestrafungen so oft wie möglich vorher anzukündigen.

> Kindern sollte zum Beispiel beigebracht werden, dass ihnen, wenn sie ihre Arbeit nicht sorgfältig machen (Kolosser 3,23), neben der Beendigung der ursprünglichen Aufgabe auch noch weitere Arbeit übertragen werden kann (die genauer kontrolliert wird).

Bestrafungen, die unmittelbar auf das Vergehen folgen, sind normalerweise für die Unterweisung des Kindes am wirksamsten. Vermeide wann immer möglich willkürliche Bestrafungen, die mehr auf deiner unmittelbaren Reaktion beruhen als auf sorgfältiger Überlegung darüber, was dem Kind am meisten helfen würde (Hebräer 12,6-11).

Vermeide es, dein Kind wiederholt an seine Pflichten zu »erinnern«, wenn es diese nicht zu Ende geführt hat. In solchen Situationen musst du konkret handeln. Bestrafungen sind äußerst wichtig, damit das Kind lernt, Verantwortung für seine Handlungen zu übernehmen. Dauernde »Erinnerungen« können sogar das Lernen des Kindes hemmen und sind für die Eltern mit Sicherheit frustrierend.

Je jünger das Kind ist, desto wichtiger ist es, die Bestrafungen häufig und deutlich zu erklären. Ältere Kinder können Prinzipien besser und schneller verstehen.

Überprüfe die Anwendung von Bestrafungen in deiner Familie. Entsprechen sie den jeweiligen Vergehen so gut wie möglich?

5. Welchen Zeitpunkt wählst du, um deine Kinder zurechtzuweisen? Wenn du zum Beispiel zwei Kinder hast, die nicht miteinander auskommen: Greifst du ein, wenn du laute Stimmen hörst? Wartest du auf Beschimpfungen und Schreie oder bis jemand verletzt ist? Je eher man sich mit der Sünde beschäftigt, desto besser. Es fällt einem dann viel leichter, den Umstand und die damit verbundene Herzenseinstellung richtig einzuschätzen und angemessen damit umzugehen. Je länger du deinen Kindern gestattest, in ihrer Sünde zu verharren, desto mehr Dinge gibt es zu klären. Ungehinderte Torheit führt im Allgemeinen dazu, dass die Auswirkungen der Sünde immer schlimmer werden (Prediger 8,11).

Wie man in der Abbildung sieht, benötigt man weniger Zeit, um eine Angelegenheit zu regeln, wenn man sich gleich am Anfang darum kümmert. Wenn man erst später, nachdem es zu Schreien und möglicherweise zu Verletzungen gekommen ist, einschreitet, wird es immer komplizierter (Sprüche 4,23).

Welche Dinge können sich durch deine Passivität oder dein Zögern im Leben deines Kindes entwickeln?

6. Überprüfe den Gebrauch der Rute bei dir zu Hause.

- Wann gebrauchst du sie?

- Wenn du verheiratet bist: Stimmst du mit deinem Ehepartner darin überein, wie sie eingesetzt wird? Erkennen eure Kinder, dass ihr beide als Team zu ihrem Nutzen handelt?

- Verstehen eure Kinder die Korrektur und wachsen sie dadurch?

7. Beschäftige dich mit Anhang VII: *Einfache Prinzipien, um Gewohnheiten zu erkennen, zu verändern und zu entwickeln* und beantworte dann folgende Fragen:

- Welche Gewohnheiten sollte dein Kind ändern? Neigst du dazu, Angelegenheiten zu vernachlässigen, wenn die Rute nicht notwendig ist?
- Gibt es Situationen, in denen du die Rute eingesetzt hast, obwohl eine andere Form der Bestrafung eher angebracht gewesen wäre?
- Gibt es Situationen, in denen du die Rute einsetzen solltest anstelle einer anderen Form von Bestrafung?

Stelle diese Woche unter Gebet einen Plan auf, der deinem Kind hilft, schlechte Gewohnheiten zu ändern und stattdessen gute Gewohnheiten zu entwickeln. Dabei solltest du jeweils Abschnitte aus der Schrift mit einbeziehen, die sein Denken bestimmen und beeinflussen sollten.

8. Gibt es weitere Dinge, von denen der Herr möchte, dass du sie umsetzt, um Täter des Wortes und nicht nur Hörer zu sein (Jakobus 1,22-25)?

Lektion 6
Die Eltern als Lehrer – Teil 1

B. Die Eltern als Lehrer

Epheser 6,4: Ermahnung (»etwas ins Gedächtnis schreiben«) und Unterweisung zum Aufbau innerer Überzeugungen.
Gewöhne den Knaben an den Weg, den er gehen soll (Sprüche 22,6a).
Unterweisung ist eines der wichtigsten Mittel zur Erfüllung der Anweisung Gottes an die Eltern, ihre Kinder an den Weg, den sie gehen sollen, zu gewöhnen.
Voraussetzungen für das »heimische Klassenzimmer«:

- Mach dir bewusst, dass dem Kind Einsicht fehlt und es unterwiesen werden muss. Salomo drückt das klar aus, als er begründete, warum er die Sprüche geschrieben hat.
  Sprüche 1,2-4

- Mach dir klar, dass Kinder schrittweise dazulernen.
  In Jesaja 28,10 heißt es: *Weil sie sagen: »Vorschrift auf Vorschrift, Vorschrift auf Vorschrift; Satzung auf Satzung, Satzung auf Satzung, hier ein wenig, da ein wenig«.*
  Möchtest du zum Beispiel, dass deine Kinder keusch in die Ehe gehen? Wann beginnt eine entsprechende Unterweisung?
  Diese Art des Lehrens ist fortschreitend (und kann mit dem Wachstum eines Baumes verglichen werden).

- Erwarte, dass Kinder Selbstbeherrschung üben, wenn du sie lehrst.
  Kinder müssen in Bezug auf die folgenden Bereiche Selbstbeherrschung üben:

- Bewegungen (z.B. still sitzen)

- Reden (Jakobus 3,2)
- Gedanken (Sprüche 18,15)

Diese Form der Selbstbeherrschung reift heran, indem das Kind lernt, seine Umgebung immer besser und sorgfältiger zu beobachten, so dass es sein Verhalten dem jeweiligen Ort entsprechend anpasst.
Wenn wir diese allgemeinen Grundvoraussetzungen verstanden haben, müssen wir noch zwei Fragen genauer beantworten: Wie lehren Eltern? Und: Was lehren Eltern?

1. Wie lehren Eltern?

Es gibt mindestens vier Wege:

a) durch _________________

Das Zeugnis deines Lebens (Philipper 1,21; Kolosser 3,3)
Eltern müssen verstehen, dass sie Vorbilder sind, denen ihre Kinder folgen (Philipper 4,9).
Vier Schritte, wie Kinder anhand unseres Vorbilds lernen:

- Eltern führen eine Tätigkeit aus, und das Kind beobachtet.
- Eltern führen eine Tätigkeit aus, und das Kind hilft.
- Das Kind führt eine Tätigkeit aus, und die Eltern helfen.
- Das Kind führt eine Tätigkeit aus, und die Eltern beobachten oder sie sind gar nicht dabei, behalten die Sache aber im Auge (wie Paulus in Philipper 2,12).

b) in __________________ Situationen

Und diese Worte, die ich dir heute gebiete, sollst du auf dem Herzen tragen, und du sollst sie deinen Kindern einschärfen und davon reden, wenn du in deinem Haus sitzt oder auf dem Weg gehst, wenn du dich niederlegst und wenn du aufstehst (5. Mose 6,6-7).

Alltägliche Situationen sind deine Gelegenheiten, die Kraft und Bedeutung des Wortes Gottes zu veranschaulichen.

c) durch ______________ und Antworten

Josua 4,6-7; 2. Mose 12,26
Nutze die natürliche Neugier des Kindes für Gegenstandslektionen. So ist auch Jesus bei seinen Jüngern oft vorgegangen.
Ermutige sie, Fragen zu stellen. Suche Gelegenheiten, wo du einfach da bist und zuhörst, wie ihr Tag war und was sie beschäftigt hat, und beantworte ihre Fragen.
Sei da. Höre gut zu.

d) durch ____________ Zeiten der Unterweisung

Strebe in all deiner Unterweisung danach, aufrichtig, genau und geradlinig zu sein. Gebrauche, wo immer es möglich ist, Illustrationen und Gegensätze. Lass dein Kind durch die Art und Weise, wie du lehrst, wissen, dass du es nicht nur gern lehrst, sondern dass du erwartest, dass es das Gelernte auch anwendet. Habt Freude dabei. Setze, wo immer es angebracht ist, Humor ein.

2. Was lehren Eltern?

Nur Gott kann ein Herz verändern. Aber Eltern sind verantwortlich, treu und genau das Wort Gottes vorzuleben und zu lehren (5. Mose 6,1-2; 2. Timotheus 2,15).
Wir lehren die Bibel und zeigen auf, wie Gott uns sieht und was er von uns erwartet. Unsere Hoffnung ist, dass unsere Kinder Christus vertrauen, die Schrift befolgen und ein weises Leben führen werden.

a) Gottes-_____________

Die Furcht des HERRN ist der Anfang der Weisheit und die Erkenntnis des Heiligen ist Einsicht (Sprüche 9,10).
»Diese bewundernde, demütige Ehrfurcht ist die Grundlage aller geistlichen Erkenntnis und Weisheit. Während der Ungläubige zwar Aussagen über Leben und Wahrheit treffen mag, besitzt er doch keine echte Erkenntnis über Gott, bis er in eine erlösende Beziehung zu ihm getreten ist. Man beachte die Reihenfolge

hier: 1.) über Gott lehren; 2.) über Gott lernen; 3.) Gott fürchten; 4.) Gott kennen und 5.) Gottes Weisheit nacheifern.
Die Furcht des Herrn ist ein Herzenszustand, bei dem die eigenen Einstellungen, der Wille, die Gefühle, Handlungen und Ziele eines Menschen Gott untergeordnet sind (vgl. Psalm 42,2).« (John MacArthur Studienbibel, Anmerkung zu Sprüche 1,7).
In Bezug auf unsere Kinder bedeutet das, ihnen zu helfen, ein »Gottesbewusstsein« zu entwickeln, so dass sie verstehen, was es bedeutet, in seiner Gegenwart zu leben (Sprüche 15,3; Psalm 139,1-4). Gottesfurcht in unseren Kindern zu entwickeln, beinhaltet mindestens drei Dinge:

- Gott ________________ (Jeremia 9,23-24; Johannes 17,3; Philipper 3,10)
  Beachte die Eigenschaften Gottes in Psalm 139.

- Gott ____________ (2. Mose 34,14; Psalm 29,2; 150; Johannes 4,23-24)
  1. Korinther 10,31
  Lehre dein Kind, was es bedeutet, Gott persönlich anzubeten (Matthäus 6,1-8).

- Kann das Kind Dinge in der Bibel selbst finden und lesen?

- Was willst du über Gebet und persönliche Andacht lehren?

- Welche Verse und Abschnitte sollte das Kind auswendig lernen, um nicht gegen Gott zu sündigen (Psalm 119,11)?
  Bringe deinem Kind die Grundlagen der gemeinschaftlichen Anbetung bei.
  Dieses Ziel kann durch Anbetungszeiten in der Familie erreicht werden und sollte durch aktive Mitarbeit in einer bibeltreuen Ortsgemeinde Gestalt gewinnen (Hebräer 10,24-25).

- Gott ____________ (Johannes 4,34; 5,30; 1. Korinther 10,31; 2. Korinther 5,9.15; Galater 1,10; Kolosser 3,22-23)

Das beinhaltet, dem Kind zu helfen, Entscheidungen auf biblischer Grundlage treffen zu lernen (Sprüche 3,5-6).
Wenn es um das Treffen von Entscheidungen geht, neigt man dazu, lediglich zu fragen: »Was ist daran falsch?« Wenn unsere Kinder jedoch vor einer Entscheidung stehen, müssen wir ihnen auch helfen, gründlich darüber nachzudenken: »Was ist daran gut?«
Siehe Anhang IX: *Hilfe für Entscheidungsprozesse in »Grauzonen« des Lebens*

b) Unterordnung und Gehorsam gegenüber ___________ (Epheser 6,1-2)

Gottes Autorität ist unbegrenzt, und wir müssen ihm in allem gehorchen. Er hat jedoch auch den folgenden menschlichen Einrichtungen begrenzte Autorität gegeben (Römer 13,1-7):

Eltern	Epheser 6,1-3
Lehrer	Hebräer 13,17
Regierung	1. Petrus 2,13-15
Gemeinde	Hebräer 13,17
Arbeitgeber	1. Petrus 2,13-14

Unterordnung bedeutet anzuerkennen, dass man unter der Autorität des anderen steht.
Gehorsam ist die Verpflichtung, dieser Autorität mit angemessener Handlungsweise und Einstellung zu begegnen. (1. Mose 22; 1. Samuel 15).
Ihr Kinder, seid gehorsam euren Eltern in allem, denn das ist dem Herrn wohlgefällig! (Kolosser 3,20).
Gehorsam muss durch Vorschrift und Vorbild gelehrt werden.
Ohne Respekt vor Autoritäten können alle anderen Arten der Unterweisung durch dich oder andere Autoritätspersonen (egal ob es sich um Fähigkeiten, Charaktereigenschaften oder mathematische Formeln handelt) ernsthaft beeinträchtigt werden.
Gehorsam ist letztendlich eine Angelegenheit des Herzens und beschränkt sich nicht nur auf das äußerliche Verhalten.

Mein Sohn, wenn du meine Worte annimmst
und meine Gebote bei dir bewahrst,
so dass du der Weisheit dein Ohr leihst
und dein Herz der Einsicht zuwendest;
wenn du um Verständnis betest
und um Einsicht flehst,
wenn du sie suchst wie Silber
und nach ihr forschst wie nach Schätzen,
dann wirst du die Furcht des Herrn verstehen
und die Erkenntnis Gottes erlangen.
Denn der Herr gibt Weisheit,
aus seinem Mund kommen Erkenntnis und Einsicht.
Er hält für die Aufrichtigen Gelingen bereit
und beschirmt, die in Lauterkeit wandeln

Sprüche 2,1-7

Ihr lieben Eltern, ist das die Haltung eures Kindes euren Anweisungen gegenüber? Wenn dem nicht so ist: Was könnt ihr tun, um euer Kind in dieser Hinsicht anzuspornen?

Zusammenfassung:

Eltern müssen das Wort Gottes durch Vorschriften und Vorbild an ihre Kinder weitergeben. Denkst du, dass die Vermittlung von Gottes Wort in erster Linie die Aufgabe des Pastors ist? Oder des Sonntagsschullehrers? Oder deine eigene Aufgabe? Sehen deine Kinder, wie du in der Bibel liest? Wenn schwierige Fragen auftauchen: Hören sie, wie du sie anhand der Bibel beantwortest – oder deine eigene Meinung kundtust?
Wie du siehst, gibt es viele Themen, die wir lernen müssen. Und wir müssen bereit sein, unseren Kindern diese Dinge beizubringen. Im Allgemeinen versuchen wir unsere Kinder so zu erziehen, dass sie Gottes Maßstäbe verstehen und ihre eigene Unfähigkeit, diesen Maßstäben gerecht zu werden, einsehen. Mit Gottes Hilfe kannst du sie zu Christus führen, der uns alles ist und alles gibt, was wir brauchen.

Fragen

Vertiefung der Prinzipien von Lektion 6

1. Arbeite die Lektion nochmals durch, einschließlich der Anhänge und Schriftabschnitte.

2. Vier grundlegende Methoden der Unterweisung wurden in dieser Lektion beschrieben: durch Vorbild, in alltäglichen Situationen, durch Fragen und Antworten sowie durch besondere Zeiten der Unterweisung. Auf welchem dieser vier Gebiete bist du am stärksten – und auf welchem am schwächsten? Wahrst du eine Ausgewogenheit in diesen vier Bereichen? Was solltest du verändern, um noch treuer und wirksamer in deiner Unterweisung zu sein?

3. Welche Methoden verwendest du, oder wie gestaltest du die besonderen Zeiten der Unterweisung (z.B. Familienandacht usw.)? Welche Vorschläge oder Änderungen in der Art der Unterweisung deiner Kinder möchtest du in Zukunft umsetzen?

4. Studiere Psalm 128,1-4, Sprüche 31,30 und Hiob 1,8. Wozu führte die Furcht des Herrn in Hiobs Leben (Hiob 1,1.5)? Eine gesegnete Familie ist eine gottesfürchtige Familie. Wächst du in der Furcht des Herrn? Wenn du dieses wichtige Thema nicht gerade kürzlich studiert hast, könntest du …

- ein Studium über die biblischen Vorkommen des Begriffs »Furcht des Herrn« machen
- das Buch *Das Wesen Gottes* von A.W. Tozer lesen (Hänssler Verlag 2001)
- die Eigenschaften Gottes studieren

Diese Erkenntnis sollte dich zu tieferer Anbetung und zu einem stärkeren Gottesbewusstsein führen. Führt deine Gottesfurcht dazu, seine Gebote zu halten und das Böse zu hassen (Sprüche 8,13; Prediger 12,13)?

5. Überprüfe die Reaktionen deines Kindes auf deine Anweisungen.

- Ist die erste Reaktion deines Kindes wohlwollend und zeigt es einen gehorsamen Geist, der bereit ist, sich unterzuordnen? Wenn dem nicht so ist: Welche Art erster Reaktion, die deine Autorität in Frage stellt, tolerierst du (z.B. Gegenrede, Verziehen des Gesichts usw.)? Welche Reaktionen möchtest du stattdessen sehen? Welche Schritte kannst du in dieser Woche unternehmen, um deinem Kind zu helfen, sich zu ändern?

- Ist die Reaktion deines Kindes bei Vater und Mutter unterschiedlich? Warum?

- Bewerte die folgenden möglichen Reaktionen von Kindern:

    - »Muss ich das?«
    - »Warum?«
    - »Ich will nicht.«
    - »Kann ich stattdessen…?«
    - »Das ist nicht fair.«
    - »Meine Freunde brauchen das auch nicht, warum also ich?«
    - »Du verstehst mich nicht.«
    - »Ich kann das nicht.«

Helft als Eltern euren Kindern, zu lernen, wie sie ihre Reaktionen im Licht biblischer Prinzipien beurteilen können, um festzustellen, ob sie dem Herrn gefallen.

6. Bewerte das folgende Beispiel. Wie wirkt sich das Verstehen des Vergehens, das Wesen des Kindes und sein Alter auf die Art und Weise der Zurechtweisung aus?

In einer Familie wurde eine bestimmte häusliche Regel über das Saubermachen nach dem Mittagessen vorgestellt und eingeführt. Wer sollte in den unten geschilderten Situationen eine Belohnung bzw. eine Bestrafung erhalten und warum?

- Ein Kind, das sein Geschirr ins Spülbecken stellt, statt es abzuspülen und in die Spülmaschine zu räumen? (teilweiser Gehorsam)

- Ein Kind, das eine ganze Weile am Computer spielt und dann kommt und sich um das Geschirr kümmert? (Aufschieben)

- Ein Kind, das einfach die Küche verlässt? (Vergesslichkeit oder völliger Ungehorsam)

- Ein Kind, das sofort gehorcht, aber mit einem mürrischen, schmollenden, zornigen Gesicht? (Respektlosigkeit)

- Ein Kind, das alle seine Sachen in die Spülmaschine stellt? (Ausführen der Aufgabe)

- Ein Kind, das still, aber freudig und unaufgefordert die Sachen der anderen und das nicht abgespülte Geschirr in die Spülmaschine stellt? (Eigeninitiative) Einige dieser Kinder sind in gewissem Grad schuldig, aber wessen sind sie schuldig? Einige haben sich angestrengt, aber in welchem Maß?

Hat ihre Schuld etwas mit Auflehnung, Nachlässigkeit oder einer offensichtlichen respektlosen Haltung zu tun? Die Übertretung und die daraus folgenden Konsequenzen sind je nach Alter des Kindes unterschiedlich und hängen zum Beispiel davon ab, ob es ein einmaliger Flüchtigkeitsfehler im Gegensatz zum sonstigen Verhalten war, oder ob es für das jeweilige Kind eine neue Anforderung war, d.h. eine Aufgabe, die ihm zum ersten Mal gestellt wurde.

Ein Kind, das normalerweise treu die Aufgabe ausführt, braucht vielleicht nur eine behutsame Erinnerung. Bei einem anderen ist vielleicht eine zusätzliche Hausarbeit angebracht. Wieder ein anderes sollte möglicherweise bei der nächsten Mahlzeit das Geschirr von allen wegräumen. Andere brauchen eine körperliche Züchtigung für direkten Ungehorsam und/oder respektlose Äußerungen.

Was ist mit den beiden Kindern, die gehorsam waren? Eines hat nur seine Pflicht getan. Anhaltende Treue sollte unbedingt gelobt werden, aber das Kind, das selbst die Initiative ergriff, verdient die höchste Belohnung (vielleicht abends länger aufbleiben oder ein anderes Vorrecht).

Achte immer darauf, deine Zucht auf das Herz deines Kindes auszurichten, indem du passende Abschnitte aus der Bibel lehrst. Das Kind muss lernen, sein eigenes Herz und sein Verhalten an der Heiligen Schrift zu messen.

Wie du siehst, sind Geduld und Weisheit nötig, um ein Kind wirksam zu unterweisen und zu korrigieren.

7. Überprüfe die Anwendungen früherer Lektionen. Welche Fortschritte hast du gemacht? Wo musst du deine Handlungsweise anpassen und deine Pläne überdenken (Sprüche 16,9; 22,6)? Bedenke, dass Wachstum schrittweise und fortschreitend ist. Werde nicht müde, Gutes zu tun!

8. Gibt es weitere Dinge, von denen der Herr möchte, dass du sie umsetzt, um Täter des Wortes und nicht nur Hörer zu sein (Jakobus 1,22-25)?

Lektion 7
Die Eltern als Lehrer – Teil 2

Neben Gottesfurcht, Unterordnung und Gehorsam gegenüber Autoritäten haben Eltern noch viele andere Themen zu lehren; dazu zählt:

c) Wie man mit _______________ umgeht

Sprüche 8,13a

- Umgang mit _________________ Sünde
  Sprüche 3,7
  Psalm 139,23-24; Sprüche 6,23; Sprüche 15,5.31-32; Sprüche 27,5.6a
  Die Bibel spricht von unserer Sünde als von »Balken«, die entfernt werden müssen (Matthäus 7,3).
  Dazu gehört, dass wir die Verantwortung für unsere Sünde übernehmen, ohne die Schuld jemand anderem in die Schuhe schieben zu wollen, und ohne Ausflüchte oder Verharmlosung unserer Übertretungen.
  Buße = eine Gesinnungsänderung, die zu einer Verhaltensänderung führt.
  Lehre deine Kinder, was Buße und Umkehr ist. Dazu gehören auch folgende Aspekte:

  - Die Rolle des Heiligen Geistes, der von Sünde überführt (Psalm 51; Johannes 16,8-11) und Betrübnis über Sünde bewirkt (2. Korinther 7,10).

  - Wie man durch Bekennen und Anerkennen der Sünde Gottes Vergebung empfängt (Sprüche 28,13; Matthäus 7,3-5; 1. Johannes 1,8-9).

  - Die Wichtigkeit, Versöhnung mit anderen zu suchen, wann immer es nötig ist (Matthäus 5,23-24).

- Die Notwendigkeit einer Wiedergutmachung, wo sie notwendig und angebracht ist (Lukas 19,8).

- Wie man aus Versagen lernt. Ermutige die Kinder, damit sie beim nächsten Mal vorbereitet sind. Frage sie, was sie beim nächsten Mal anders machen können.

Siehe Anhang VII: *Hilfen zum Erkennen, Verändern und Entwickeln von Gewohnheiten*

- Umgang mit der Sünde _______________
  Erkläre, wann es die Flucht zu ergreifen gilt, so dass sie nicht in die Sünden anderer verwickelt und fortgerissen werden (1. Mose 39,12; Sprüche 4,14-15; 1. Korinther 15,33).
  Lehre, wie wichtig es ist, Böses mit Gutem zu vergelten (Römer 12,17-21).
  Betone, wie wichtig es ist, ein Friedensstifter zu sein (Römer 12,18).
  Römer 12,10
  Johannes 15,13; Philipper 2,3-8
  Lehre dein Kind, den Sünden anderer in einer liebevollen, aber entschlossenen Art entgegenzutreten (Matthäus 18,15ff.; 5,23ff.; Galater 6,1; 1. Petrus 3,8-9).

[Buchempfehlung: Ken Sande, *Sei ein Friedensstifter,* CLV 2001]

  Betone, wie wichtig es ist, anderen zu vergeben (Epheser 4,32).
  Vergebung beinhaltet den Entschluss, sich nicht mehr daran zu erinnern (d.h. dem anderen nicht entsprechend seinem Verhalten zu begegnen), so wie Gott es auch uns gegenüber tut (Jesaja 43,25; Jeremia 31,34).
  Das wird immer wieder von uns gefordert (Matthäus 18,21-35; Lukas 17,3-4).

[Buchempfehlung: John MacArthur, *Vergeben befreit,* Ernst Franz Verlag 2003]

d) ____________________ auf biblischer Grundlage

Kein schlechtes Wort soll aus eurem Mund kommen, sondern was gut ist zur Erbauung, wo es nötig ist, damit es den Hörern Gnade bringe (Epheser 4,29).
Die Zunge der Weisen gibt gute Lehre, aber der Mund der Toren schwatzt viel dummes Zeug (Sprüche 15,2).

- ________________ (Sprüche 18,13.15.17; Jakobus 1,19)
  Beachte: Eine Unterhaltung zu unterbrechen (ohne dass es einen triftigen Grund gibt), verrät Unhöflichkeit und mangelnde Selbstbeherrschung (Sprüche 17,27-28). Darum müssen Eltern ihre Kinder lehren, wie wichtig Rücksichtnahme und Geduld sind, und es ihnen vorleben.
  Es kann hilfreich sein, dem Kind zu zeigen, wie es auf angemessene Art unterbrechen kann, falls es wirklich notwendig ist.

- __________________
  Lehre deine Kinder, wie man andere durch erbauliche Gespräche erreichen kann. Effektive Unterhaltung beinhaltet folgende Elemente:

- die Bereitschaft, sich an Gesprächen zu beteiligen und etwas dazu beizutragen, wenn es angebracht ist;

- Unsere Rede soll erbaulich und motivierend sein; Tonlage und Lautstärke spielen dabei eine entscheidende Rolle (Sprüche 15,1; 16,21);

- das richtige Maß des Redens;

- Antworten, die den Gesprächspartnern angemessen sind.

Beachte: Was dein Kind redet und wie es redet, deutet an, was in seinem Herzen ist (Matthäus 12,34b).
Die Bibel spricht deutliche Worte über die Neigung zu törichter Rede, wie z.B.:

- Lüge (2. Mose 20,16; Sprüche 12,22; Kolosser 3,9). Gehe mit jeder Unehrlichkeit streng um.
- unbedachte, scharfe Worte (Sprüche 12,18; 29,20)
- Prahlerei (Sprüche 25,14; 27,1)
- Verleumdung (Psalm 15,3; Sprüche 11,13; 16,28; 17,9)
- Einmischung (Sprüche 26,17; 1. Timotheus 3,11)
- Geschwätz (Römer 1,29; 2. Korinther 12,20; 1. Timotheus 5,13)
- Nörglerei und Weinerlichkeit (Philipper 2,14)
- Widerworte (Sprüche 20,3; Philipper 2,14)
- unpassende Scherze (Sprüche 26,18-19; Epheser 5,4)

Bedenke: Die Zunge ist ein mächtiges Werkzeug, das sowohl zur Erbauung (Epheser 4,29) als auch zur Vernichtung (Sprüche 18,21) anderer gebraucht werden kann.
Es ist Gott nicht egal, wie wir miteinander reden (Psalm 19,15).
Siehe Anhang X: *Vier hilfreiche Prinzipien für die Kommunikation*

e) Andere lieben und ihnen ____________________

Biblische Liebe ist *Agape*-Liebe, das heißt aufopferndes Geben, ohne eine Gegenleistung zu erwarten – die Unliebenswerten und die, die es nicht verdient haben, zu lieben.
Römer 5,8
Sünder, die anderen Sündern Liebe und Achtung entgegenbringen, sind ein mächtiges Zeugnis für die Welt.
Tut nichts aus Selbstsucht oder nichtigem Ehrgeiz, sondern in Demut achte einer den anderen höher als sich selbst (Philipper 2,3).

Das Vorbild Gottes: Jeremia 31,3; Matthäus 5,44; Markus 10,42-45; Johannes 3,16; 10,11; 15,13; Philipper 2,3-9).
Beachte diese Kennzeichen des Dienstes Christi auf der Erde:

- Er war nicht selbstsüchtig, sondern großherzig.
- Er zeigte uns, dass das Aufgeben der eigenen »Rechte« Gewinn bedeutet.
- Er erfüllte die echten Bedürfnisse anderer und stillte ihre Nöte auf eigene Kosten.
- Er war entschlossen, die Interessen anderer wichtiger zu nehmen als seine eigenen.
- Er war unparteiisch in seiner aufopfernden Liebe.

Wie reagiert dein Kind, wenn jemand…

- ihm sein Spielzeug wegnimmt?
- ohne zu fragen auf seinem neuen Fahrrad fährt?
- fragt: »Lässt du mich vor?«
- fragt: »Dein Stück ist größer, kann ich es haben?« usw.

Agape-Liebe umfasst elementare Dinge wie Rücksichtnahme und Freundlichkeit.
Agape-Liebe umfasst Geduld und Sanftmut (Epheser 4,1-2); Toleranz.
Achte darauf, ob deine Kinder auf ihre eigenen Vorlieben bestehen ohne Rücksicht auf andere bzw. auf Kosten anderer.
In Philipper 2,3 spricht Paulus von »Selbstsucht«.
»Dieses gr. Wort wird manchmal mit ›Streit(-sucht)‹ übersetzt, weil es Parteigeist, Rivalität und Vetternwirtschaft beschreibt. Es spricht vom Stolz, der veranlasst, eigene Wege durchzuset-

zen.« (MacArthur Studienbibel, Anmerkung zu Philipper 2,3).
Agape-Liebe schließt eine überkritische Haltung aus.
In 1. Korinther 13,7 heißt es über die Liebe: »Sie erträgt alles, sie hofft alles, sie erduldet alles.«
Siehe Anhang I: *Die »Einander«-Aufforderungen*

f) Wie man mit Wünschen, ________________ und Enttäuschungen umgeht

Besser wenig mit der Furcht des Herrn, als großer Reichtum und ein unruhiges Gewissen dabei (Sprüche 15,16).
Gott erlaubt uns viele Wünsche. Aber Eltern müssen ihren Kindern die Folgen aufzeigen, die es hat, wenn Wünsche zu Erwartungen oder Begierden werden (d.h. zu etwas, was wir haben müssen, um zufrieden zu sein). Wenn die Bibel den Begriff »Begierden« im negativen Sinn gebraucht (Jakobus 1,14-16), bezieht sich das auf Wünsche, die zu einem beherrschenden und treibenden Beweggrund geworden sind.
Ein Wunsch kann als Forderung (Begierde) identifiziert werden, wenn

- wir bereit sind zu sündigen, um es zu bekommen – Menschen, Umstände usw. zu manipulieren (vgl. Jakob, 1. Mose 27).

- wir bestürzt sind und – wenn wir es nicht bekommen – bereit sind, sowohl in unserem Herzen als auch mit Taten zu sündigen (1. Korinther 10,6-14) – Selbstmitleid, Schmollen, Murren, Schweigen, Aufbrausen, Vergeltung, Kämpfe, Zanken (Jakobus 4,1-3).

Lehre deine Kinder zu erkennen, wie wichtig es ist, dass sie ihre Begierden kontrollieren, ihr Verlangen nach …

- materiellen Dingen

- Anerkennung durch andere

- Vergnügungen

Bedenke: Diese Begierden wurzeln im Egoismus und können, wenn sie nicht durch elterliche Anweisung und sinnvolle Grenzen kontrolliert werden, zu »Habsucht, die Götzendienst ist« (Kolosser 3,5) auswachsen. Ein Kind sollte durch nichts auf der Welt versklavt werden (1. Korinther 6,12; 7,22; 1. Johannes 2,15-16).
Sprüche 22,6
Galater 5,13; 1. Petrus 2,16.
Bin ich bereit, meine Wünsche Gott und seinem souveränen Plan für mein Leben anzuvertrauen? Werde ich zufrieden oder streitsüchtig sein? (Philipper 4,1ff.; 1. Timotheus 6,6)

g) Mit ______________________ biblisch umgehen

Römer 8,28-29; Jakobus 1; 2. Korinther 12,7-10; Sprüche 3,3-5
Wer sich auf sein eigenes Herz verlässt, ist ein Narr; wer aber in der Weisheit wandelt, der wird entkommen (Sprüche 28,26).
Anfechtungen gehören zu jedem Leben dazu. Bei Kindern können Anfechtungen folgendermaßen aussehen:

- Freunde verlieren
- Schulwechsel
- nicht in eine Mannschaft aufgenommen zu werden
- Krankheit oder chronische Leiden
- Kampf mit der Sünde und mit schlechten Angewohnheiten
- den Eltern auch dann zu gehorchen, wenn man mit ihren Entscheidungen nicht einverstanden ist

Kinder müssen durch göttliches Gebot und das Vorbild der Eltern unterwiesen werden, in Zeiten der Anfechtung Gott zu vertrauen und von ihm abhängig zu bleiben. Er lässt Anfechtungen zu, damit sie uns zum Besten dienen (Klagelieder 3,31-39; Psalm 115,3; 119,71.75).

Es kann hilfreich sein, Kindern beizubringen, in Zeiten der Anfechtung Fragen wie diese zu stellen:
Kann es sein, dass Gott diese Sache beendet hat?
Hat er die Sache beendet?
Warum nicht?

h) ______________________

Ein wertvoller Schatz und Öl ist in der Wohnung des Weisen, aber ein törichter Mensch vergeudet es (Sprüche 21, 20).
Gott erwartet von einem Verwalter Treue (1. Korinther 4,2).
Es ist wichtig, Kindern beizubringen, dass es wichtig ist, in verschiedenen Bereichen gute Verwalter zu sein, nämlich…

- gute Verwalter über ________________
  Ungenutzte Zeit ist unwiederbringlich verloren (Psalm 90,12; Epheser 5,16; Matthäus 25,14-30.
  Wenn Kindern zu viel freie Zeit gelassen wird, werden sie Schwierigkeiten mit der Selbstbeherrschung bekommen.
  Wenn Kindern zu viel freie Zeit gelassen wird, werden sie Schwierigkeiten mit der elterlichen Autorität bekommen.
  Kinder werden eine schlechte Arbeitsmoral und eine Neigung zur Nachlässigkeit entwickeln, wenn ihnen regelmäßig erlaubt wird, Zeit zu verschwenden.

- gute Verwalter über ihre ________________ und ihren ________ (1. Thessalonicher 4, 3-4; 1. Korinther 9, 26-27)

- gute Verwalter über ______________ Güter (ihren eigenen Besitz sowie den Besitz anderer)
  Das beinhaltet, dass du deine Kinder lehrst, wie man weise mit Geld umgeht.
  Kinder müssen lernen, nichts von dem, was Gott gegeben hat, zu missbrauchen oder zu missachten.

i) Eine biblische _________ (Prediger 9,10; Kolosser 3,23)

- Wann arbeiten wir? Die meiste Zeit. Sechs Tage sollst du arbeiten (2. Mose 20,9).

In Sprüche 6,7 wird die Ameise als kluges Vorbild dargestellt, die ihre Aufgabe ohne äußeren Antrieb ausführt.

- Wie arbeiten wir?
  ... das tut von Herzen, als für den Herrn und nicht für Menschen (Kolosser 3,23).
  Alles, was deine Hand zu tun vorfindet, das tue mit deiner ganzen Kraft (Prediger 9,10).
  Kinder müssen fleißig und verantwortlich arbeiten und durchhalten, bis die Aufgabe abgeschlossen ist.

- Warum arbeiten wir?
  Vor allem, um dem Herrn zu gefallen (Kolosser 3,23).
  Um für unsere eigenen Bedürfnisse (2. Thessalonicher 3,10) und die Bedürfnisse anderer (Epheser 4,28) zu sorgen.
  Kinder müssen ebenso wie Eltern lernen, Mußestunden nicht zu Götzen zu machen.
  Siehe Anhang XI: *Merkmale einer Arbeitsethik*

j) Biblische Prinzipien für ______________

(Epheser 5; 1. Petrus 3,1-7; Sprüche 31,10-31)
Kinder können von klein auf Gottes Maßstäbe für Ehemänner und Ehefrauen kennen lernen. Das Zuhause ist der ideale Übungsplatz, um Kontrolle über Selbstsucht zu lernen und seinen Körper in Heiligung und Ehrbarkeit zu besitzen (1. Thessalonicher 4,4), um Beziehungen zu pflegen, die Gott ehren.

Zusammenfassung

Eltern sollen ihre Kinder durch Unterweisung und Vorbild im Wort Gottes unterrichten. Denkst du, dass dies vor allem die Aufgabe des Pastors ist? Des Sonntagsschul-Lehrers? Oder deine Aufgabe? Sehen deine Kinder, dass du die Bibel liest? Hören sie, wie du anhand des Wortes Gottes antwortest, wenn Dinge zu klären sind? Oder wie du stattdessen deine eigene Meinung äußerst?
Wie du siehst, gibt es viele Themen, die wir studieren und auf die wir vorbereitet sein müssen, sie unseren Kindern beizubringen.

Im Allgemeinen versuchen wir, unsere Kinder zur Jüngerschaft anzuleiten, so dass sie Gottes Maßstab verstehen und einsehen, dass sie unfähig sind, aus eigener Kraft nach diesem Maßstab zu leben. Mit Gottes Hilfe kannst du sie zu Christus führen, der all ihre Bedürfnisse stillen kann.

Fragen

Vertiefung der Prinzipien von Lektion 7

1. Arbeite die Lektion nochmals durch, einschließlich der Anhänge und Schriftabschnitte.

2. Achtest du fleißig darauf, deine Kinder zu unterweisen, wie sie mit ihrer persönlichen Sünde biblisch umgehen sollen? Bist du treu darin, deine Kinder immer wieder auf ihren Ungehorsam, ihre Selbstsucht und ihren Stolz hinzuweisen, und forderst du sie heraus, dieses Verhalten als Sünde zu erkennen? In welchem Maß sind deine Kinder bereit, ihre Sünden zu bekennen?

   Erwartest du eine biblische Versöhnung zwischen Familienmitgliedern, wenn Sünde die Beziehung gestört oder zerbrochen hat? Lebst du zu Hause biblische Buße vor?

   Beachte: Obwohl du das Herz eines Kindes nicht verändern kannst, bist du ein Werkzeug in Gottes Hand, um seine Wahrheit im Bewusstsein deines Kindes lebendig werden zu lassen. Wenn du das getan hast, dann vertraue Gott bezüglich der Ergebnisse.

3. Was lehrst du deine Kinder darüber, was für Freunde man haben (oder nicht haben) sollte, und was für ein Freund man anderen sein sollte? (siehe Sprüche 1,10; 6,12-14; 17,17; 18,24; 22,24; 1. Korinther 15,33)

4. Der Puritaner Richard Baxter hat über Kinder und Freizeit Folgendes gesagt:

   > »Auch Sport und Entspannung haben ihren Platz, und zwar in einem Maße, wie es ihrer Gesundheit und Freude dienlich ist; aber nicht so sehr, dass sie ihre Gedanken von nützlicheren Dingen ablenken; sie dürfen sie weder von ihren Büchern oder anderen Pflichten wegziehen, noch sie zum Glücksspiel oder zur Habsucht verleiten. Kinder brauchen für ihre körperliche Gesundheit und zur Erheiterung der

> Gedanken Sport im richtigen Maß; denn ein gut trainierter Körper ist besser, als sich kaum zu bewegen. … Diese Zeit muss aber auch begrenzt sein, so dass ihr Spiel nicht zu ihrer Hauptbeschäftigung wird. Sobald sie etwas Verstand haben und sprechen können, sollten ihnen sinnvollere Dinge beigebracht werden; damit sollte man nicht warten, bis sie fünf oder sechs Jahre alt sind. In diesen Jahren könnten sie sich schnell angewöhnen, nichts zu tun und ihre ganze Zeit mit Spielen zu vertrödeln. Kinder sind sehr früh in der Lage, etwas zu lernen, dass sie auf weiteres Lernen vorbereitet.«

Von welcher Qualität und Brauchbarkeit ist die Arbeit deines Kindes? Neigt es zu Nachlässigkeit oder zu Fleiß? Führt dein Kind Aufgaben, die du ihm aufträgst, zu Ende? Welche Fähigkeiten könntest du deinem Kind beibringen, so dass es zu Hause besser helfen kann?

5. In welchen Verantwortungsbereichen muss dein Kind wachsen?

- Wie geht es mit seinem Geld um? Taschengeld kann hilfreich sein, um den Umgang mit Geld zu lernen, um biblische Prinzipien des Sparens, Ausgebens und Abgebens zu lehren. Sprich mit einigen Familien, die ihren Kindern Taschengeld geben. Was ist deiner Meinung nach die klügste Art und Weise, mit dieser Sache in deiner Familie umzugehen? Was lernen deine Kinder über Verwalterschaft, wenn sie dich beim Geldausgeben sehen und deine Einstellung zu materiellen Dingen beobachten.

- Lernt dein Kind, seine Zeit und seine Fähigkeiten richtig einzusetzen? Ist es darauf bedacht, im Umgang mit diesen Dingen besser zu werden und treu zu sein (nicht perfekt)? Wie ist seine Einstellung zum Musizieren, zum Sport, zu den Schulaufgaben usw.? In welchen Bereichen braucht es deine Ermutigung und Unterweisung, so dass es die Gaben, die Gott ihm gegeben hat, sinnvoll gebrauchen kann?

6. Erbaut das Reden deines Kindes andere im Allgemeinen – oder zieht es sie herunter? Beachte hierbei wiederum die gewöhnlichen, törichten Redegewohnheiten, die in dieser Lektion aufgelistet wurden. Suche außerdem in dieser Woche im Buch der Sprüche nach Versen, die erbauliche Rede beschreiben. Welche Beispiele biblischer Rede solltest du mit deinem Kind durchnehmen und besprechen? Was lernen deine Kinder, wenn sie dein Reden zu Hause beobachten? Überlege, ob ihr nicht jeden Abend bei der Mahlzeit Beispiele von Aussagen zusammentragen könntet, die euch an diesem Tag ermutigt haben.

7. Gibt es weitere Dinge, von denen der Herr möchte, dass du sie umsetzt, um Täter des Wortes und nicht nur Hörer zu sein (Jakobus 1,22-25)?

Lektion 8
Die Eltern als Ermutiger

Eine dritte Rolle, die wir gemeinsam betrachten möchten, ist folgende:

C. Die Eltern als Ermutiger

Und ihr Väter, reizt eure Kinder nicht zum Zorn, sondern zieht sie auf in der Zucht und Ermahnung des Herrn (Epheser 6,4).
Ihr Väter, erbittert eure Kinder nicht, damit sie nicht unwillig werden (Kolosser 3,21).
Wie ermutigen wir unsere Kinder? Nach Epheser 6,4 und Kolosser 3,21 besteht ein wichtiger Punkt darin, Entmutigung zu vermeiden. »*Reizt* nicht zum *Zorn*« und »*erbittert* nicht«.

- Reizen: Dieses Wort bedeutet »aufstacheln« oder »stimulieren« in einem negativen Sinn und vermittelt den Gedanken von »verärgern«.

Da es im Präsens steht, handelt es sich um eine Warnung, die Eltern dazu anhält, beständig bestrebt zu sein, sie zu beachten – Tag für Tag in jeder Lebenslage.

- Zorn: Wie bereits ausgeführt, ist es für die Eltern manchmal unvermeidbar, dass sie ihre Kinder zurechtweisen und ihnen klar die Richtung angeben (siehe Lektion 2). Dieses Sich-Entgegenstellen kann beim Kind Gegenwehr und offensichtlichen Unmut hervorrufen. Aber das ist nicht der Zorn, von dem in Epheser 6,4 die Rede ist. Vielmehr spricht der Heilige Geist hier Eltern an, die ihre Kinder zu einem zornigen, impulsiven Lebensstil reizen.

Dieser Zorn schließt offene Rebellion und passiven Unmut, wie Starrsinn, Gleichgültigkeit oder Teilnahmslosigkeit, mit ein.

- Erbittern: Ein weiterer starker Ausdruck, der bedeutet, dem

Kind Anlass zur Entmutigung zu geben. Kolosser 3,21 ist die einzige Stelle im Neuen Testament, wo dieses Wort gebraucht wird, und es vermittelt den Gedanken, keine korrekte Einstellung zu haben, mürrisch, teilnahmslos zu sein oder ein verzweifeltes Gemüt zu haben.

Wie rufen Eltern denn nun Zorn und Erbitterung in ihren Kindern hervor? Was müssen Eltern vermeiden?
Eltern können durch das, was sie nicht tun, und durch das, was sie tun, ihre Kinder provozieren und reizen.

1. Unterlassungen der Eltern, die Kinder provozieren und reizen können

a) Die Kinder nicht einheitlich ________________ und ________________.

Reizt eure Kinder nicht zum Zorn, sondern *zieht sie auf in der Zucht und Ermahnung des Herrn* (Epheser 6,4).
Kinder brauchen das Übungsfeld und die Unterweisung, die ihre Eltern ihnen bieten.
Eine wichtige Erinnerung: Eltern müssen danach streben, ein angemessenes Gleichgewicht zwischen Zucht und Ermahnung einzuhalten. Das erfordert vor allem, zwei Extreme zu vermeiden: übermäßige Kontrolle und fehlende Grenzen.

- Übermäßige Kontrolle
  Übermäßige Kontrolle zeigt sich im Aufstellen von zu vielen Regeln und Einschränkungen – Regeln, die gegenstandslos, zu schroff oder zu streng sind.

- Übermäßige Kontrolle kann ein Problem sein, weil hinter einer Bestrafung falsche Motive stehen.
  Hebräer 12,5-11
  Angemessene Motive sind u.a.:

  - Vers 6 Liebe zum Kind

- Vers 10 — Streben nach Heiligung
- Vers 11 — Übung in Dingen, die friedsame Frucht der Gerechtigkeit wirken

Falsche Motive für das Aufstellen von Regeln, die darauf zielen, das Kind übermäßig zu kontrollieren, können sein:

- ________________ über biblische Prinzipien zu erheben.
- Wenn man zu viele seiner Vorlieben durchsetzt oder, wenn das Kind älter wird, es versäumt, biblische Prinzipien zu lehren, dann können Regeln, die nur unseren Vorlieben entspringen, im Denken des Kindes als übermäßige Kontrolle empfunden werden. Und das kann zu Erbitterung und Verzweiflung führen.
- Wenn Eltern nicht bereit sind, sich die Zeit zu nehmen, die Dinge zu durchdenken.
- Wenn Eltern sich fürchten zu versagen – sowohl, was sie selbst betrifft, als auch gegenüber dem Kind.
- Eltern können auch persönliche Peinlichkeit fürchten, und so bestrafen sie auf Grundlage dessen, was andere denken könnten.

Du musst einsehen, dass es Fehler und Fälle von Versagen gibt, die einfach Teil des Lebens sind und oft auf Unreife beruhen. Wachstum braucht nun einmal Zeit.
Eltern, die ihren eigenen Heiligungsprozess verstehen, werden übermäßige Kontrolle vermeiden. Das Wissen um dein eigenes Wachstum sollte deine Erziehung mit Milde gewürzt sein lassen, so dass du nicht Regel um Regel um Regel aufstellst und denkst, dass dich dies irgendwie vor Peinlichkeit oder dein Kind vor Fehlern bewahren wird. Und merke dir: Weder jede Sünde,

die dein Kind begeht, noch jeder Fehler, der ihm unterläuft, werden dein Kind auf die schiefe Bahn bringen.
Anders ausgedrückt: Vermeide es, die letztgültige Autorität im Leben deines Kindes sein zu wollen. Zeige ihm vielmehr, wie wichtig es ist, zu lernen, dem Herrn nach seinem eigenen Gewissen zu folgen.

- Fehlende Grenzen
  Aber sein Vater hatte ihn nie betrübt zeit seines Lebens, so dass er gesagt hätte: Warum tust du so etwas? (1. Könige 1,6).
  Diese Art der Erziehung birgt einige Gefahren in sich und bringt unweigerlich Probleme mit sich, wie zum Beispiel:

  - Keine Grenzen, keine Bescheidenheit
    Ohne Grenzen lernen Kinder keine Bescheidenheit, weil Torheit sich im Herzen des Kindes ausbreitet und seine Verdorbenheit in immer größerem Ausmaß zum Ausdruck kommt.
    Ein Kind, das ohne Grenzen aufwächst, wird nicht demütig, sondern stolz und arrogant sein und nicht einsehen, dass es kluge Beratung braucht.
    In 1. Könige 1,5 geht es um Davids Sohn Adonija, der sagte: »Ich will König werden!« Er hatte sein Leben immerzu selbst bestimmt, so dass er meinte, jetzt wäre die Zeit gekommen, auch über andere zu herrschen.
    Sprüche 11,29: *Wer seine eigene Familie zerrüttet, wird [nur] Wind zum Erbe bekommen.* Was für ein anschauliches Beispiel liefert David uns hier: Er säte Wind und erntete Sturm.
    Warne deine Kinder davor, sich nicht zu sehr auf ihre Meinungen zu versteifen, sondern sie im Lichte des Wortes Gottes zu prüfen. Es ist hilfreich, ihre Meinungen gründlich zu durchdenken und dem Wort Gottes Raum zu geben, damit es unsere Gedanken prüft und läutert.

- Ohne Grenzen keine Reinigung des Gewissens
  Wundstriemen scheuern das Böse weg, und Schläge [säubern] die verborgenen Kammern des Inneren (Sprüche 20,30).

Die Ausführung von biblischer Zucht stellt eine wertvolle Illustration für gerechten Lohn dar. Am Kreuz bezahlte Christus den gerechten Lohn für die Sünde. Zucht macht dem Kind den Ernst der Sünde deutlich (damit hilft es ihm, die Notwendigkeit des Versöhnungswerkes Christi zu verstehen), bringt ihm etwas über den Schmerz und die Folgen der Sünde bei und prägt ihm die Notwendigkeit ein, seine Sünde zu bekennen. Durch das Bekenntnis der Sünde kann es dann die Freude über Gottes Vergebung und über ein reines Gewissen erfahren (1. Johannes 1,9).
Wenn es keine Grenzen und keine Zucht gibt, wird das Kind nicht dazu bewegt, seine Sünde zu bekennen. Dadurch kann sich das Gewissen deines Kindes verhärten. Anhaltender Ungehorsam ohne Reinigung durch Bekenntnis der Sünde unterdrückt das Gewissen, und die Schuld wächst.
[Buchempfehlung: J. MacArthur, *Das verlorene Gewissen,* CLV 2002]
Wie Psalm 32 zeigt, führt unbekannte Sünde dazu, dass man zornig, reizbar, deprimiert und sogar überaus traurig werden kann.
So ermutige also dein Kind und hilf ihm, indem du ihm beibringst, was richtig ist, und es aufrufst, dementsprechend zu leben. Denke daran: Wenn du keine oder vielleicht nur minimale Grenzen ziehst, wird dein Kind deine Autorität nicht respektieren und daher versuchen, sich selbst und andere zu beherrschen.
Respekt + Beziehung = Potenzial für eine Jüngerschaftsbeziehung
Ein weiteres Beispiel für Unterlassungen, die Kinder provozieren und erbittern können:

b) Sich aus dem Leben des Kindes ____________________.

Dazu gehört auch das Vernachlässigen oder Ignorieren des Kindes. Es ist wichtig, Zeit und Mühe zu investieren.

Väter, bringt eure Frauen nicht in die Lage, ständig freiwillige Lückenbüßer spielen zu müssen, weil ihr euch keine Zeit für eure Kinder nehmt. Es geht hier darum, in euer Erbe zu investieren. Wartet nicht bis morgen; fangt jetzt an, euch zu investieren, Stück für Stück, Tag für Tag. Wenn es so weit kommt, dass eure Kinder rebellieren oder eure Frauen müde werden, habt ihr Sturm geerntet, und eines Tages könnten sie euch ablehnen.
Das Gebot in 5. Mose 6,7 zeigt ein aktives Beteiligtsein am Leben deines Kindes.
Nimm dein Kind bei Besorgungen mit; geht spazieren; habt gemeinsame Mahlzeiten und Imbisse, verbringt einfach Zeit miteinander.
Und wenn du mit ihm zusammen bist, dann sei wirklich mit ihm zusammen! Widme ihm deine ganze Aufmerksamkeit.
Du ermutigst dein Kind, indem du Zeit mit ihm verbringst. Das bedeutet nicht, dass du keines ihrer Fußballspiele oder Schulveranstaltungen versäumen darfst.

c) Liebe zu deinem ________________ nicht offen zeigen.

Epheser 5,22-33; Titus 2,4; 1. Johannes 3,18
Dazu gehören folgende Dinge:

- Streitgespräche; Meinungsverschiedenheiten nicht klären

- Zuneigung nicht zeigen

- sich herablassend verhalten

- mangelnder Enthusiasmus gegenüber Vorschlägen und Plänen deines Ehepartners

Vertauschte Rollen in der Ehe können ebenfalls Unruhe zu Hause hervorrufen und damit Kinder verbittern.

d) Liebe zu deinem ________________ nicht offen zeigen.

1. Korinther 13,1; 1. Johannes 3,18

e) Deinem Kind nicht zuhören.

Sprüche 18,13.15.17; Philipper 2,3-4
Eltern müssen ihren Kindern Zeiten einräumen, in denen sie reden können.

2. Wodurch Eltern aktiv ihre Kinder erzürnen und verbittern

a) Wenn sie selbst ein _______________ Wesen haben.

Sündiger Ärger ist ein Ausdruck von Stolz und Selbstsucht des Herzens; dazu zählen:

- offensichtlicher oder _______________ Zorn
  Die Schrift sagt sehr viel über sündigen Zorn:
  Sprüche 19,19: Zorn wird bestraft und kehrt immer wieder.
  Sprüche 20,3: Zorn ist töricht, jeder Narr wird sich streiten.
  Sprüche 22,24-25: Ärger ist ein schlechtes Vorbild, tu dich nicht mit zornigen Menschen zusammen.
  Sprüche 25,28: Menschen ohne Selbstbeherrschung sind schwach, leicht zu überrumpeln.
  Eltern dürfen nie aus sündigem Ärger heraus strafen (siehe Lektion 4).
  Vermeide Schimpfworte oder einen beleidigenden Tonfall (Epheser 4,26-32). Züchtigung aus sündigem Ärger heraus kann unter Umständen auch zu körperlichem Missbrauch führen. Das ist Züchtigung aus selbstsüchtigen Motiven.

- _________________ Zorn
  Dies kann man auch als Nörgelei oder als Neigung zur Reizbarkeit bezeichnen.
  Es handelt sich auch dann um sündigen Zorn, wenn man eine kritische Haltung hat, d.h. ständig kritisiert, für eine beständige Berieselung mit Kritik sorgt.
  Sei ein »Thermostat«, kein »Thermometer«, wenn es in deinem Leben zu gewissen Situationen kommt.

Deine Familie wird durch deine mürrische Haltung beeinflusst. Man kann sein Kind nicht ermutigen, wenn man selbst ständig ärgerlich ist. Lass nicht zu, dass deine Launen dein Verhalten diktieren.
Siehe Anhang XII: *Abhandlung über Reizbarkeit*

b) Wenn sie ____________________.

Sprüche 12,22; Epheser 4,29
Das ist vor allem ein Problem, das sich auf das Verhalten des Kindes bezieht, denn es ist eine Form von Täuschung oder Betrug, wenn der Wahrheit etwas hinzugefügt wird.
Achte stattdessen auf ihre Erfolge und ermutige sie. Deine Kinder sollten oft Worte wie »Danke« und »Gut gemacht« hören.

c) Wenn Kinder (unerfüllte) Wünsche der Eltern _______ sollen.

Jakobus 3,16; Philipper 2,3-4.
Eltern können unrealistische Erwartungen an die Leistungen ihrer Kinder haben (z.B. Sport, Auszeichnungen usw.).
Römer 5,8: Christi Opferbereitschaft ist uns ein großes Vorbild, dem wir nacheifern sollen. Es geht nicht darum, dass wir immer unseren eigenen selbstsüchtigen Wünschen nachjagen.

d) Wenn sie das Kind ________________.

Epheser 4,29: Gebrauche Worte, die von Wohlwollen geprägt sind, und nicht solche, die »herunterziehen« und »erniedrigen«. Es ist selten erbaulich, wenn man seine Kinder ausschimpft, und es ist nie erbaulich, sie in Gegenwart anderer anzuschreien. Außerdem sollte man nichts sagen, was sie vor anderen – einschließlich der anderen Familienmitglieder – in Verlegenheit bringen würde.
Epheser 4,29 erinnert uns daran, empfindsam für bestimmte Situationen zu sein. Beschütze ihren Ruf. Erzähle Dinge, die sie dir im Geheimen anvertrauen, nicht weiter.
Das wird sie ermutigen, dir zu vertrauen.

e) Wenn sie ____________________ leben.

Matthäus 23,3; Jesaja 29,13; Lukas 6,46; Titus 1,16
Eltern müssen nicht perfekt sein. Aber für die Kinder muss ein gewisses Maß an Aufrichtigkeit und Ehrlichkeit (Integrität) erkennbar sein. Strebe danach, Heuchelei mit Gottes Hilfe zu vermeiden, wie zum Beispiel:

- Unwilligkeit, Fehler zuzugeben (Sprüche 28,13)

- zerstörerischer Stolz (Sprüche 16,18; 18,12)

- Lügen; uneingelöste Versprechen als Verhaltensmuster (Sprüche 12,22; 19,5)

- fehlende Vergebungsbereitschaft, obwohl du erwartest, dass deine Kinder anderen vergeben (Matthäus 18,21-35; Epheser 4,31-32)

Dies alles zerstört das Vertrauen.
Halte deine Versprechen und vergib schnell. Du möchtest doch, dass dein Lebensstil und dein Zeugnis als Christ sich durch Zuverlässigkeit und Berechenbarkeit auszeichnen.

f) Wenn Regeln _________________ werden.

Maleachi 3,6; Matthäus 15,9b; Jakobus 1,17
Es kann nötig werden, Regeln in Abhängigkeit von der Umgebung, der Situation, dem Alter der Kinder usw. anzupassen. Aber wenn man Regeln ohne Angabe von Gründen ändert, kann dies das Kind verbittern.
Häufig handeln Eltern, die immer wieder ihre Regeln ändern, einfach nach ihrer wechselnden Gefühlslage. Und eine solche wechselnde Gefühlslage ist die Folge unbiblischen Denkens.
Stelle sicher, dass dein Kind weiß, was du erwartest – was genau richtig und was falsch ist. Dein Bemühen um Zuverlässigkeit wird sie ermutigen.

g) Wenn man ________________ ist.

Sprüche 11,1
Jakobus 2,9: Vermeide Bevorzugung. Deine Kinder mit anderen Kindern zu vergleichen, ist auch eine Art von Bevorzugung.
Es handelt sich auch um Ungerechtigkeit, wenn man niemals belohnt. Lobe dein Kind, wo es angebracht ist.

h) Wenn man __________________ erwartet.

1. Thessalonicher 5,14: *... seid langmütig gegen jedermann.*
Perfektionismus ist etwas anderes als eine hohe Leistung. Wir möchten unseren Kinder beibringen, wie wichtig es ist, gemäß seinen von Gott gegebenen Fähigkeiten zu leben. Das ist ein Streben nach hoher Leistung. Aber Menschen sind verschieden. Einige sind begabter als andere. Also ist es für ein Kind sehr frustrierend, wenn es denkt, es müsste perfekt sein oder gemäß einem Maßstab leben, den es nie erreichen kann.
In einem gewissen Sinne erlauben perfektionistische Eltern, dass sich in ihrem Zuhause eine unangenehme Atmosphäre einnisten kann. Es gibt keinen Raum für Fehler und Versagen, obwohl diese einfach zu unserem Leben dazugehören.

Zusammenfassung:

Entweder bauen wir die Beziehung zu unseren Kindern auf – eine Beziehung, die ein Leben lang andauern kann – oder wir zerstören sie. Erziehung ist eine große Verantwortung, aber es kann auch ein großer Segen sein. Selbst bei Christen finden wir zerrissene Familien vor, weil die Eltern-Kind-Beziehung oft nicht von Ermutigung geprägt ist. Unsere Kinder sind eigentlich genauso wie wir. Sie brauchen Herausforderungen, aber sie brauchen auch jede Ermutigung, die ihre Eltern geben können.
Wenn wir immer wieder an denselben Punkten versagen, erleben wir als Erwachsene vielleicht ähnliche Frustration in unserer persönlichen Nachfolge. Wir müssen vielleicht manches Mal mit einem Gefühl der Hoffnungslosigkeit vor den Herrn treten und denken: »Herr, wird das jemals enden? Wie kann ich dieses Problem bloß überwinden?«

Genauso ist es in der Familie. Wenn das Kind Fehler macht, sollten Eltern behutsam, aber bestimmt mit Zucht und Ermahnung in ihr Leben eingreifen. Wenn Eltern darin konsequent sind, wird das Kind dadurch ermutigt. Aber wenn die Eltern sich in einer Art und Weise verhalten, welche Hoffnungslosigkeit fördert, wird das Kind an denselben Punkt kommen, an dem sich auch die Eltern selbst befinden. Es kommt zu einem Versagen nach dem anderen, und wir denken: »Es gibt keinen Ausweg«. Und diese Aussicht führt zu Zorn, Verzweiflung und Groll.

Erfreut dein Handeln und dein Reden das Herz deines Kindes inmitten seines Kummers? Wird man dadurch aufgebaut – oder heruntergezogen, mit dem Ergebnis, dass du den anderen Kummer bereitest? Eltern ärgern sich oft über das Böse in der Gesellschaft draußen, wobei die zerstörerischsten Kräfte, die auf die Familie einwirken, oft von innen kommen, aus ihren eigenen Worten und Taten. Und richtiges Handeln aus einer falschen Haltung heraus kann die Wirksamkeit jeder Anstrengung zunichte machen. Man strebt vielleicht wirklich danach, Eltern nach biblischem Maßstab zu sein, aber mit der falschen Haltung kann man seine eigene Mühe zunichte machen, so dass das Kind unnötigerweise aufgebracht, zornig und rebellisch wird.

Die Weisheit der Frauen baut ihr Haus, die Torheit reißt es ein mit eigenen Händen (Sprüche 14,1).

Diese Aussage weist auf den Bau eines Hauses hin. Wie kannst du es aufbauen, wenn du nicht eine Atmosphäre förderst, in der Fehler keinen Weltuntergang bedeuten? In einem Zuhause, wo die Eltern Ermutiger sind, darf Ermahnung und Zucht nicht fehlen.

Wichtiger als alles andere ist, dass weise Eltern Gott fürchten, denn das bringt Segen.

Merke dir Psalm 128,1-4.

Entschließe dich, ein »Bezugspunkt« für deine Kinder zu sein – der sich nicht verändert, sondern fest steht, zuverlässig, berechenbar und in den Prinzipien der Schrift gewurzelt und gegründet ist – und du wirst erfahren, dass dein Zuhause zu einem Ort der Ermutigung wird!

Fragen

Vertiefung der Prinzipien von Lektion 8

1. Arbeite die Lektion nochmals durch, einschließlich der Anhänge und Schriftabschnitte.

2. Wie sehr wir unsere Kinder auch lieben und uns über sie freuen: Ihre Unterweisung ist oft unbequem; sie stört manchmal unsere Pläne.

   Welche Einsicht geben uns Johannes 15,13; Sprüche 16,9; Philipper 2,3-4 und Jakobus 4,13-15 darüber, wie wir »unsere Pläne« sehen sollen?

   Welche Hoffnung geben uns Römer 8,28-29 und 2. Korinther 4,17-18 bezüglich der Absichten Gottes mit den unbequemen Ereignissen unseres Lebens?

3. Kämpfst du mehr mit offensichtlichem oder mit schleichendem Zorn? Welche Umstände erhöhen die Versuchung, griesgrämig zu sein? Welche biblische Sichtweise brauchst du, wenn du das nächste Mal versucht bist, gereizt zu sein? Wofür kannst du in solchen Momenten der Anfechtung dankbar sein?

4. Epheser 4,1-3 gibt die grundlegende Einstellung wieder, die die familiäre Atmosphäre bestimmen sollte. Wie sollten diese Qualitäten die Kommunikation innerhalb deiner Familie beeinflussen? Wie würden die anderen Familienmitglieder dein Wesen beschreiben: Bist du demütig und langmütig? Oder bist du stolz und ungeduldig? Frage sie.

5. Tendierst du dazu, stark zu kontrollieren, oder bist du zu nachsichtig in der Unterweisung deines Kindes? Welche Schritte kannst du unternehmen, um ausgeglichener zu werden?

6. Prüfe deine Termine. Was sagen deine täglichen, wöchentlichen und monatlichen Pläne – oder vielleicht deine Pläne an Wochen-

enden – über dein Interesse am Leben deines Kindes aus? Planst du Zeiten ein, um mit der Familie Spaß zu haben und Freizeit zu verbringen? Über welche besonderen Unternehmungen freut sich deine Familie? Bitte deine Kinder um Anregungen.

7. Was macht deine Familie einzigartig? Gibt es »Familientraditionen«, die für deine Kinder eine Ermutigung darstellen? Welche? Welche »Traditionen« möchtest du einführen?

8. Verschaffe dir einen Überblick über die zwei Hauptkategorien dieser Lektion, *Was Eltern unterlassen* und *Was Eltern aktiv tun*. Nimm dir ein Beispiel aus jeder Kategorie, das veranschaulicht, wann du am häufigsten versagst. Entwickle eine Strategie, um das zu ändern.
Bei welchen der in diesen beiden Kategorien genannten Beispiele hast du im vergangenen Jahr das meiste Wachstum in Richtung Christusähnlichkeit erfahren? Was war der Schlüssel zur Veränderung in diesen Bereichen?

Lektion 9
Die Eltern als Evangelisten / Die Belohnung der Eltern

In dieser Lektion werden wir uns mit zwei weiteren Aufgaben der Eltern auseinander setzen. Die erste lautet:

D. Die Eltern als Evangelisten (Matthäus 28,19-20; Apostelgeschichte 1,8)

Das ist eine wichtige Aufgabe. Aus diesem Grund war das Evangelium auch ein Thema, das sich durch diesen ganzen Kurs über Erziehung hindurchzog.
Einige Schlüsselgedanken, die man im Gedächtnis behalten sollte (größtenteils dem Buch *The Gospel According to the Apostles* von John MacArthur [Word Publishing 1993] entnommen):

1. ____________ oder ______________ das Evangelium nicht.

Versäume nicht, über die Eigenschaften Gottes, das Blut Christi, das Kreuz, Sühnung für Sünde, Auferstehung, Herrschaft Christi, ewige Strafe, Buße, Vergebung, Gnade und Barmherzigkeit zu reden.
Eine zu starke Vereinfachung stellt eine größere Gefahr dar als das Weitergeben von zu vielen Details.
Kinder können auf Einladungen zum Glauben aus ganz unterschiedlichen Beweggründen heraus reagieren. Wir müssen äußerst vorsichtig sein, dass Kinder nicht nur mit dem Evangelium »geimpft« werden, wodurch eine echte und verbindliche Hingabe gegenüber Christus verhindert werden könnte.

2. Bedenke, dass ein Mensch nicht in erster Linie deshalb zu Christus kommt, weil er oder sie sehr viel ____________.

Es ist wichtig, Kindern zu erlauben, ihrem Kenntnisstand entsprechend zu reagieren und zu antworten. Wir dürfen nicht vergessen, dass sie sich in einem Wachstumsprozess befinden.

3. Es ist die Aufgabe des Heiligen Geistes, nicht der Eltern, ________________ zu geben (Römer 8,14-16).

Heilsgewissheit kommt, wenn der Heilige Geist den Verstand des Kindes erleuchtet (1. Johannes 5,13; 1. Korinther 2,10-14; Johannes 16,8-13), damit das Kind die Schrift versteht und dann für den Gehorsam gegenüber dem Wort gestärkt wird (1. Korinther 2,4-5; 1. Thessalonicher 1,5).
2. Timotheus 3,15
Es gibt im Denken des Kindes möglicherweise ein ernsthaftes Durcheinander, wenn Heilsgewissheit von Menschen und nicht von Gott vermittelt wird.
Denke über »Das Wesen echten, rettenden Glaubens« aus der MacArthur Studienbibel, S. 2150, nach (die zweite Liste findet sich auch in Lektion 1: Die Prioritäten der Eltern):

- Anzeichen, die echten Glauben weder beweisen noch widerlegen

Sichtbare Sittlichkeit:	Matthäus 19,16-21; 23,27
Intellektuelle Erkenntnis:	Römer 1,21; 2,17ff.
Religiöses Engagement:	Matthäus 25,1-10
Aktiver Dienst:	Matthäus 7,21-24
Sündenerkenntnis:	Apostelgeschichte 24,25
Heilsgewissheit:	Matthäus 23
Getroffene Entscheidung:	Lukas 8,13-14

- Die Früchte bzw. Beweise für echtes, wahres Christsein:

Liebe zu Gott:	Lukas 10,27; Römer 8,7
Buße über Sünde:	Psalm 32,5; Sprüche 28,13; Römer 7,14ff.
Echte Demut:	Psalm 51,19; Matthäus 5,1-12; Jakobus 4,6.9ff.
Gott ehrende Hingabe:	Psalm 105,3; 115,1; Jesaja 43,7; 48,10ff.
Beständiges Gebet:	Lukas 18,1; Epheser 6,18ff.; Philipper 4,6ff.
Selbstlose Liebe:	1. Johannes 2,9ff; 3,14; 4,7ff.

Absonderung von der Welt:	1. Korinther 2,12; Jakobus 4,4ff.; 1. Johannes 2,15-17
Geistliches Wachstum:	Lukas 8,15; Johannes 15,1-6; Epheser 4,12-16
Gehorsames Leben:	Matthäus 7,21; Johannes 15,14ff.; Römer 16,26; 1. Petrus 1,2.22; 1. Johannes 2,3-5

Wenn die erste Liste für eine Person zutrifft, die zweite Liste jedoch nicht, sind Zweifel an der Echtheit des Bekenntnisses zum Glauben dieser Person berechtigt. Wenn aber die zweite Liste zutrifft, dann wird das auch für die erste Liste gelten.
Denke daran: Du säst einen Samen für eine Ernte, die vielleicht lange Jahre keine Frucht bringt. Echte Frucht überlebt und wächst durch Zeiten der Prüfung (Matthäus 13,8).
[Buchempfehlung: *The Gospel According to the Apostles* von John MacArthur (Word Publishing 1993); *Eltern – Hirten der Herzen* von Tedd Tripp, 3L Verlag 2001]
Siehe Anhang XII: *Es gibt einen Erlöser*
Siehe Anhang XIV: *Die Bekehrung von Charles Spurgeon*

E. Die Eltern als Gebetskämpfer

»Wenn einer von euch mich um eine Zusammenfassung der christlichen Religion bitten würde, würde ich mit diesem einen Wort antworten: Gebet.« (Spurgeon)
Kolosser 4,2.12; 1. Thessalonicher 5,17; Hiob 1,5; Philipper 4,6-7
Durch Gebet kann man Gott nicht kontrollieren, aber es ist eine Äußerung unserer Abhängigkeit von ihm und unserer Unterordnung unter seinen Willen und seine Absichten.

1. Bete um _____________ für die Erziehung deiner Kinder und dass sie lernen, der Fürsorge Gottes zu vertrauen.

Jakobus 1,5; Hiob 1,5

2. Bete für ihre ________________.

Römer 10,1; 2. Timotheus 3,13-17; Sprüche 8,17

3. Bete, dass sie wachsendes ________________ für die Erkenntnis Gottes bekommen.

Sprüche 2,1-5
Orientiere dich daran, wie Paulus betet; er ist ein gutes Vorbild: 1. Thessalonicher 5,23-24; Epheser 1,18-21; Philipper 1,9-11; Kolosser 1,9-11

4. Bete für ihre ________________.

Sprüche 18,10

- vor körperlicher Verletzung, Krankheit usw. (Römer 15,30-31)
  Wenn du um Bewahrung für sie betest, bete auch dafür, dass sie im Vertrauen auf Gottes souveräne Absichten wachsen (Jakobus 5,14-15; 1. Petrus 4,12-13).

- vor den Einflüssen der Welt (Die »Waffenrüstung Gottes« und das Gebet sind notwendig für Stärke im geistlichen Kampf: Epheser 6,10-18.)

5. Bete um Kraft und Trost in ihren ________________.

1. Korinther 1,3-5; 2. Korinther 12,7-10; Philipper 4,6-7; 1. Petrus 5,7; Römer 8,28

6. Bete um Weisheit für ihre jetzigen und zukünftigen ________________.

Kolosser 1,9-12; 1. Thessalonicher 5,21-22; das Buch der Sprüche
Wenn es zum Beispiel um Unternehmungen, Ausbildung, Karriere, Ehepartner (2. Korinther 6,14-17) usw. geht.

7. Bete für ihre ________________________.

Ein Freund liebt zu jeder Zeit, und als Bruder für die Not wird er geboren (Sprüche 17,17).

Schlechter Umgang verdirbt gute Sitten (1. Korinther 15,33). Bete für ihr Wachstum in den »Einander-Aufforderungen« (siehe Anhang I).

8. Bete, dass sie ein ________________________ Herz bekommen.

Römer 12,3ff.
Sei ein Gebetskämpfer! Welch ein Trost ist es zu wissen, dass Gott die Gebete der Gerechten hört (Sprüche 15,29). Gebet bringt Ermutigung, Stärke und Weisheit, die wir brauchen, um unsere Aufgabe, Eltern nach biblischem Maßstab zu sein, zu erfüllen. Denke daran: Unser Ziel mit dem Gebet ist nicht, Gott dazu zu bewegen, unsere Anweisungen auszuführen, sondern vielmehr unsere Wünsche nach seinen Wünschen auszurichten (Jakobus 4,8).
Ein Vorschlag: Es ist vielleicht hilfreich, wenn du ein Gebetsheft führst, um deiner Familie zu helfen, in Dankbarkeit und Ehrfurcht der Treue Gottes gegenüber zu wachsen.
Dieser Kurs hat uns geholfen, die Prioritäten, das Ziel, die Herausforderungen und die Rollen der Eltern zu verstehen. Als abschließendes »Ausrufezeichen« unseres Studiums möchten wir noch auf eines ganz besonders hinweisen:

V. Die Belohnung der Eltern

A. Persönliche ________________________ .

Römer 8,28-29
Gott gebraucht deine Kinder im Prozess deiner Heiligung.
Das Wissen, dass wir das, was wir selbst leben, unseren Kinder beibringen müssen, bewirkt, dass wir uns beständig unseres eigenen Versagens und unserer Sünde bewusst werden. Und diese Erkenntnis treibt uns zum *Thron der Gnade, damit wir Barmherzigkeit erlangen und Gnade finden zu rechtzeitiger Hilfe* (Hebräer 4,16).
Eine weitere reiche Belohnung für treue Erziehung ist deine zunehmende Brauchbarkeit im Dienst, weil Gott dich heiligt (2. Timotheus 2,21).

B. Gottes ____________________.

Es liegt gewaltige Freude darin, Gott wohlzugefallen, indem wir Eltern sind, deren Leben durch die Bibel bestimmt wird. Er ist erfreut, weil du dich bemühst, seine Erlösungsabsichten zu fördern, indem du nachfolgende Generationen dazu anleitest, ihn anzubeten und zu verherrlichen. Du kannst dich selbst keiner größeren oder erfüllenderen Unternehmung hingeben, als deine Kinder für die Brauchbarkeit im Reich Gottes zu formen und zu gestalten.

Biblische Erziehung:

Ein Leben prägt ein anderes Leben lebenslang.

Freue dich darüber!

Vertiefung der Prinzipien von Lektion 9

1. Arbeite die Lektion nochmals durch, einschließlich der Anhänge und Schriftabschnitte.

2. Untersuche die Botschaft des Evangeliums von John MacArthur im Anhang. Welche Punkte versteht dein Kind? Bei welchen Punkten hast du die größten Schwierigkeiten, sie deinem Kind zu erklären? Vielleicht hilft es, diese Punkte mit deinem Ältesten, deinem Pastor oder einem anderen reifen Christen durchzusprechen.

   Denke immer daran, dass du treu sein musst, deinem Kind das Evangelium in Wort und Tat zu verkündigen. Das Ergebnis liegt bei Gott. Was für ein befreiender Gedanke!

3. Prüfe ehrlich dein Gebetsleben. Betest du anhaltend für deine Kinder? Für welche Anliegen, die das Kind betreffen, betest du am meisten. Denke an das Vorbild von Hanna (1. Samuel 2) und Hiob (Hiob 1).

   Nimm die Bibelabschnitte, die in dieser Lektion erwähnt werden, und setze die darin enthaltenen Prinzipien im Gebet für deine Kinder um.

4. In Bezug auf Erziehung hast du viele biblische Prinzipien kennen gelernt. Welches dieser Prinzipien hat dein Denken und Handeln am stärksten beeinflusst? Überlege, ob du deine Gedanken nicht in einem zusammenfassenden Aufsatz niederschreiben könntest, den du auch deinem Ältesten und/oder Pastor geben könntest.

5. Markiere in deinem Kalender einen Zeitabschnitt in ein bis drei Monaten, in dem du nochmals alle diese Lektionen über Erziehung durchgehst, einschließlich der Anhänge und der Hausaufgaben.

Lobe Gott für jegliches Wachstum und jeden Forschritt. Überlege unter Gebet, wie du diese Prinzipien anderen weitergeben kannst (2. Timotheus 2,2).

Anhang I
Die »Einander«-Aufforderungen

1. Unsere Beziehung zueinander

a) Seid miteinander verbunden

Römer 12,5
Epheser 4,25
1. Johannes 1,7

b) Seid gleichgesinnt gegeneinander

Römer 12,16
1. Korinther 1,10

2. Unsere gegenseitige Annahme

a) Richtet einander nicht

Römer 14,3
Jakobus 5,9

b) Grüßt einander

1. Korinther 16,20
Römer 16,16
2. Korinther 13,12
1. Petrus 5,13

c) Seid gastfrei untereinander

1. Korinther 11,33
1. Petrus 4,9

3. Unser Umgang miteinander

a) Liebt einander

Römer 12,10
1. Thessalonicher 4,9

1. Petrus 1,22
Johannes 13,34
Johannes 15,12
Johannes 13,35
1. Thessalonicher 3,12
1. Johannes 4,7
1. Johannes 3,11
1. Johannes 3,23
1. Johannes 4,11
1. Johannes 4,12
2. Johannes 5
Johannes 15,17
1. Petrus 4,8

b) Demut

Römer 12,10b
Epheser 5,21
Johannes 13,14
Philipper 2,3
1. Petrus 5,5

c) Fürsorge

1. Korinther 12,25
Epheser 4,2
Galater 6,2
1. Petrus 3,8
1. Thessalonicher 5,15

d) Dienen

Galater 5,3
Hebräer 10,24

4. Unser gegenseitiges Zurechthelfen

a) Helft einander zurecht

Galater 6,1

b) Ermahnt einander

Römer 15,14

c) Ermutigt einander

Römer 14,19
Hebräer 3,13
1. Thessalonicher 5,11
Römer 1,11-12

d) Vergebt einander

Kolosser 3,13
Epheser 4,32

e) Redet miteinander

Kolosser 3,9
Jakobus 4,11
Epheser 5,11
Jakobus 5,16
Johannes 16,19

f) Habt Frieden untereinander

Markus 9,50
Galater 5,15

Anhang II
Hinweise für das Studium zu Hause

Am Ende jeder Lektion findet sich ein Abschnitt mit dem Titel *Vertiefung der Prinzipien.* Folgende Richtlinien werden dir helfen, den größtmöglichen Nutzen aus diesem wichtigen Teil des Kurses zu ziehen:

1. Erkenne die Wichtigkeit dieser »Hausaufgaben«.

- Jede Lektion enthält eine Fülle von Schriftstellen, die eine sorgfältige Betrachtung erfordern.

- Die Hausaufgabe stellt sowohl eine Brücke zwischen dem, was der Kursleiter sagte, und dem, was du selbst in der Lektion gelesen hast, dar, als auch eine Brücke zur beabsichtigten Veränderung in deinem Leben (Anwendung).

- Es bietet dir die Gelegenheit, ein Täter des Wortes zu sein, und nicht nur ein Hörer, der sich selbst betrügt (Jakobus 1,22).

- Wenn du verheiratet bist, können die Fragen fruchtbare Gedanken und Gespräche zwischen dir und deinem Ehepartner anregen. Solche Gespräche sind von entscheidender Bedeutung, damit die wichtigen biblischen Prinzipien in eurer Familie in einheitlicher Form umgesetzt werden können.

2. Sei dir bewusst, dass die Hausaufgaben Zeit und Mühe erfordern.

- Es könnte hilfreich sein, die persönliche Stille Zeit für die Hausaufgaben zu nutzen. In jeder Lektion gibt es viele bereichernde Schriftstellen.

- Plane Zeit für dich persönlich ein – und wenn du verheiratet bist, auch Zeit miteinander –, um die Fragen der Hausaufgaben ausführlich durchzugehen und zu beantworten.

3. Du kannst gewiss sein, dass du reich belohnt werden wirst, wenn du dich aktiv mit den »Hausaufgaben« auseinander setzt.

- Jede Arbeit ist gewinnbringend (Sprüche 14,23a).
- Lass das Wort des Christus reichlich in dir wohnen (Kolosser 3,16). Gottes Wort kehrt nicht leer zurück (Jesaja 55,11).
- Wenn du seinem Wort gehorchst, wirst du in dem, was du tust, gesegnet sein (Jakobus 1,25).
- Du wirst in der Lage sein, andere zu bereichern, wenn du anderen Kursteilnehmern das weitergibst, was der Herr dir gezeigt hat. Als Eltern könnt ihr vielleicht andere Eltern ermutigen (Sprüche 27,17).

Anhang III
Das Herz-Diagramm

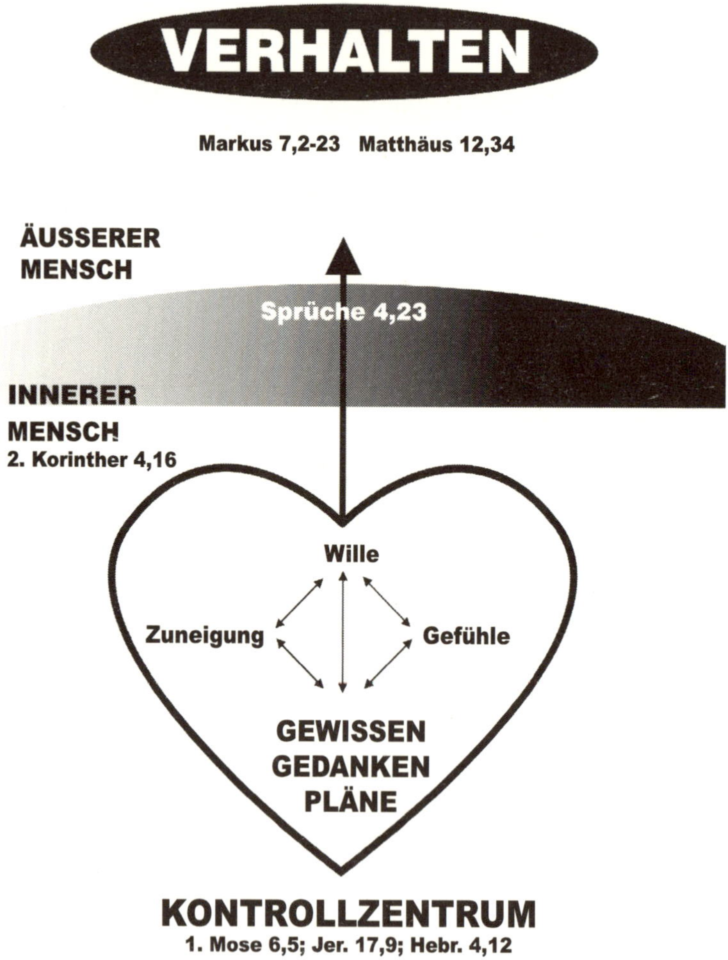

Anhang IV
Erziehung und das alttestamentliche Gesetz

von Carey Hardy

Es wurde schon viel über das alttestamentliche Gesetz geschrieben. Theologen haben lange über die Absicht und das Wesen des Gesetzes sowie über die Rolle, die es im Leben der neutestamentlichen Heiligen spielt, diskutiert. Wir wissen, dass Jesus nicht kam, um »das Gesetz aufzuheben, sondern zu erfüllen« (Matthäus 5,17). Daher ist es eine wichtige und herausfordernde Aufgabe, die Beziehung zwischen dem alttestamentlichen Gesetz und den heutigen Christen zu definieren.

Die Bibel nennt einen zweifachen Nutzen des Gesetzes Gottes. Der erste findet sich auf *horizontaler* Ebene und betrifft die Beziehung der Menschen untereinander. Auf dieser horizontalen Ebene bietet das Gesetz dem Menschen Verhaltensmaßstäbe, welche die Gesellschaft vor Unordnung und Fehlentwicklungen bewahren. Wenn der Mensch sich entscheidet, den Vorschriften Gottes zu gehorchen, nämlich nicht zu begehren, nicht zu stehlen, zu lügen, sexuell zu sündigen oder zu morden, dann ist das auch zum Nutzen der Gesellschaft. Die Städte sind sicherer, und die Familien erfahren weniger Unruhe. Kurz gesagt: Das Leben der Gesellschaft ist besser, wenn Gottes Gesetz (und einzelne Gebote) eingehalten werden.

Außerdem macht der Apostel Paulus klar, dass der *vertikale* Nutzen des Gesetzes darin besteht, dass es Menschen auf Christus hinweist. Wie geschieht das? Egal wie ernsthaft und hingebungsvoll der Mensch auch versucht, Gottes Gesetz vollkommen zu halten – er wird es doch nicht schaffen. Das war in der Vergangenheit immer so und wird auch in Zukunft so bleiben. Jedes Versagen dient dem Menschen als Erinnerung daran, dass er gefallen ist und für seine Erlösung völlig auf Gott angewiesen ist. Dass er Gottes Gesetz manchmal nicht gehorchen will, ihm nur teilweise gehorcht, nicht aus der richtigen Motivation heraus gehorcht oder überhaupt nicht gehorcht, sind alles Hinweise auf seine sündige Natur. Gott fordert jedoch vollkommenen Gehorsam seinem Gesetz gegenüber (Matthäus 5,48; 1. Petrus 1,16); und doch kann der Mensch diesen Gehorsam nicht leisten (Jakobus 2,10). Folglich wird das Gesetz zu einem Fluch (Galater 3,10-13).

Was folgt also letztendlich aus dieser Tatsache? Was ist die letztendliche Absicht des Gesetzes, wenn man es doch nicht vollkommen halten kann? Statt den Menschen dazu zu treiben, sich noch aussichtsloser um Perfektion zu bemühen, war das Gesetz von Gott als Lehrmeister gedacht (Galater 3,19-24). Das Gesetz als göttlicher Lehrer führt den Sünder zur Buße und zur Erkenntnis, dass er auf Gottes Gnade angewiesen ist. Das Gesetz ist also wie ein Spiegel: Es zeigt einer Person den Schmutz in seinem Gesicht, aber es kann ihn nicht abwaschen. Die Gnade Gottes ist die einzige Hoffnung für den Sünder.

Je mehr ein unerretteter Mensch versucht, nach Gottes Maßstäben zu leben, desto mehr begreift er, wie hoffnungslos das ist. Und in einer solch hoffnungslosen Lage ist das Evangelium von der Vergebung in Christus eine mächtige Botschaft der Hoffnung. Christus starb am Kreuz, um den vollen Preis für die Sünde zu bezahlen. Er ist auferstanden, um seinen Sieg über Sünde und Tod zu bestätigen. Auf Grund des stellvertretenden Opfers Christi bietet Gott denen Vergebung an, die Buße tun über ihre sündigen Versuche, aus eigener Kraft Gerechtigkeit zu erlangen. Wer bereit ist, sein Leben unter die Herrschaft Christi zu stellen und sich ihm unterzuordnen, dem steht die Vergebung zur Verfügung. Vergebung ist die einzige Hoffnung des Menschen – und der Zweck des Gesetzes liegt darin, diese Wahrheit klar und deutlich aufzuzeigen (Römer 4,1-8). Auf diese Weise wird das Gesetz zu einem Segen.

Was hat das nun mit Erziehung zu tun? Ein Vergleich zwischen dem Zweck des Gesetzes und einem Großteil der täglichen Aktivitäten rund um die Kindererziehung kann uns da weiterhelfen. Bevor wir jedoch näher auf diesen Zusammenhang eingehen, müssen wir zunächst einen gravierenden Fehler, den viele Eltern begehen, verstehen. Allzu leicht verfällt man dem falschen Gedanken, dass Regeln, Einschränkungen, Richtlinien, Belohnungen, Korrektur, praktische Übung und Unterweisung nur dazu dienen, eine bestimmte Art von Verhalten beim Kind hervorzubringen. Es ist sicher richtig, dass alle diese Hilfsmittel in der Erziehung notwendig sind, und es ist wichtig, dass Kinder sich anständig und korrekt benehmen. Gehorsam hält die Hausordnung aufrecht. Wie das Gesetz Gottes haben auch die elterlichen »Gesetze« einen horizontalen Effekt. Es gibt einen allgemeinen Maßstab, der sich direkt auf die Aussagen der Bibel gründet und für die Kinder verbindlich ist. Eltern fordern in diesen Bereichen von ihren Kindern Gehorsam; andere »Regeln der Hausordnung« entstammen allgemeinen ethischen Prinzipien der Schrift. Wenn Kinder ihren Eltern gehorchen und sich zu verantwortungsvollen Erwachsenen entwickeln, gibt es nicht nur weniger Unordnung zu Hause, sondern auch die Gesellschaft profitiert als Ganzes davon.

Eltern haben die Verpflichtung, diesen horizontalen Effekt in ihre Familie einzubringen. Sie können ihr Kind wirklich »erziehen« und dabei vertrauen, dass »er nicht davon weichen wird, wenn er alt wird«, nämlich von der weisen Lebensführung, die er gelernt hat. [Worte wie dieser Vers aus Sprüche 22,6 sind »göttliche Richtlinien und weise Beobachtungen, d.h. Belehrungen, denen Prinzipien zugrunde liegen (Sprüche 24,3-4), die nicht immer starre Gesetze oder Verheißungen im absoluten Sinne sind. Diese Äußerungen allgemeiner Wahrheiten (vgl. Sprüche 10,27; 22,4) beinhalten im Großen und Ganzen »Ausnahmen« aufgrund der Ungewissheiten des Lebens und dem unvorhersehbaren Verhalten des gefallenen Menschen.« (MacArthur Studienbibel, S. 856)]

Probleme entstehen für viele Eltern dann, wenn sie damit zufrieden sind, dass sie ihren Kindern beigebracht haben, wie man sich benehmen soll. Wenn ihnen zum Beispiel Komplimente gemacht werden, dass ihre Kinder so wohlerzogen sind, sind Eltern geneigt zu denken, sie hätten ihre Aufgabe erfüllt. Manche Eltern denken sogar fälschlicherweise, ihr Kind sei bekehrt, nur weil es sich gut benimmt. Tatsache ist jedoch, dass das letztendlich alles nur Gesetzlichkeit sein könnte.

Elterliche Zucht und Unterweisung dienen jedoch nicht nur dem Zweck, das Verhalten des Kindes bestimmten äußeren Maßstäben anzupassen. Ganz im Gegenteil: Eltern haben allen Grund, besorgt zu sein, wenn ihre Kinder sich damit begnügen, zu wissen, dass sie gehorsam sind. Elterliche Regeln, Korrektur und Unterweisung helfen dem Kind, sich richtig zu benehmen, aber sie verfolgen eigentlich ein viel höheres Ziel. So wie das alttestamentliche Gesetz als Lehrmeister gedacht war, um Menschen dahin zu führen, dass sie erkennen, dass sie einen Retter brauchen, so ist es auch mit jedem Aspekt unserer Erziehung.

Folglich besteht die wichtigste Aufgabe der Eltern darin, ihre Rolle als Evangelisten wahrzunehmen (5. Mose 6,6-9). Aber dein Kind zu evangelisieren beinhaltet mehr, als zu einem bestimmten Zeitpunkt die Fakten des Evangeliums zu erklären. Da dein Kind niemals in der Lage sein wird, die gestellten Forderungen in vollem Umfang zu erfüllen, egal welchen Grad an äußerlicher Anpassung es erreicht, bietet sich dir eine Reihe von entscheidenden Gelegenheiten, dein Kind zu evangelisieren, wenn es im Handeln oder durch seine innere Haltung versagt. Selbst wenn es gehorsam ist, bleibt da noch die Frage der Herzenshaltung. Warum gehorcht es? Was denkt oder erwartet es, wenn Gehorsam gefordert wird? Selbstsucht und Stolz können sehr schleichend sein (Jeremia 17,9-10; Sprüche 4,23). Es gibt nur einen annehmbaren Beweggrund zu gehorchen – Gott zu ehren.

Ja, du musst dein Kind anleiten, weise zu leben. Ja, deine Bemühungen als Eltern können ihm helfen, zu einem verantwortungsvollen Erwachsenen zu werden. Als Eltern besitzen wir das gewaltige Vorrecht, von Gott gebraucht zu werden, um unseren Kindern ein Bewusstsein ihrer Verdorbenheit und der Notwendigkeit der Vergebung zu vermitteln. Vergiss niemals die vertikalen Auswirkungen deiner Erziehung. Du musst die Unfähigkeit deines Kindes, ein Leben in vollkommenem Herzensgehorsam zu leben, benutzen, um ihm zu erklären, dass es unbedingt einen Erretter sowie göttliche Gnade und Kraft braucht, um ein geheiligtes Leben zu führen (Römer 3,23-24; 6,23; Epheser 2,1-10). Auf diesem Weg erreichst du dein Ziel, nämlich ein treues Werkzeug in Gottes Händen zu sein, um deine Kinder entsprechend der biblischen Wahrheit aufzuziehen, verbunden mit dem beständigen Gebet, dass Gott gnädig sei und sie zu rettendem Glauben und zur Bekehrung erwecke.

Viele Eltern sind enttäuscht, wenn ihr Kind versagt. Der Grund für das Versagen wurzelt jedoch oft in den selbstsüchtigen Zielen der Eltern. Zum Beispiel möchten Eltern vielleicht, dass ihr Kind aufhört, sie zu stören, oder sie möchten andere durch den Gehorsam ihres Kindes beeindrucken. Versagen bietet jedoch immer auch eine Gelegenheit, das Evangelium weiterzugeben. Dein Kind muss an den Punkt kommen, dass es seine Unfähigkeit, nach Gottes Maßstäben zu leben, am eigenen Leib erfährt, so dass ihm sein tief sündiger Zustand bewusst wird. Das bedeutet jedoch nicht, dass wir als Eltern unsere Kinder bei Versagen immer heftig ausschimpfen sollten. Damit würden wir sie zur Erbitterung treiben, und sie würden denken, wir lieben sie nicht oder sie könnten uns niemals erfreuen (Kolosser 3,21). Eltern dürfen Gottes Gesetz auch nicht zu einer Doppelmoral herabsetzen, indem sie eine Sache lehren, aber etwas anderes vorleben. Wir dürfen es jedoch nicht verpassen, nach Gelegenheiten zu suchen, unseren Kindern zu helfen, ihren sündigen Zustand vor Gott sowie die Unmöglichkeit, durch »gute Werke« gerettet zu werden, zu verstehen (Galater 2,16; Titus 3,5-7).

Viele Eltern denken fälschlicherweise, Gehorsam und äußere Anpassung bedeuteten, ihr Kind sei der Errettung näher. Das ist von der Wahrheit weit entfernt. Das gute Benehmen deines Kindes macht es Gott nicht einfacher, es zu erretten. Gutes Benehmen hat auch den Pharisäern nicht geholfen. Denn dies hat überhaupt nichts mit Errettung zu tun. Da das Problem deines Kindes sein Herz ist, kann auch die größte Besserung ihn nicht retten oder ihn näher zur Errettung hinführen. Es braucht das, was nur Gott wirken kann: Bekehrung und Umgestaltung. Die Herausforderung liegt darin, das Gleichgewicht zu finden, auf der einen Seite gutes Benehmen eines Kindes zu fördern und auf der anderen Seite seinen ungeretteten sündigen Zustand zu betonen.

Sei dir immer der Gefahr bewusst, dass du einen modernen Pharisäer »züchten« könntest. Christus gebrauchte scharfe Worte für die Pharisäer seiner Zeit:

> Wehe euch, ihr Schriftgelehrten und Pharisäer, ihr Heuchler, dass ihr das Äußere des Bechers und der Schüssel reinigt, inwendig aber sind sie voller Raub und Unmäßigkeit! Du blinder Pharisäer, reinige zuerst das Inwendige des Bechers und der Schüssel, damit auch ihr Äußeres rein werde! Wehe euch, ihr Schriftgelehrten und Pharisäer, ihr Heuchler, dass ihr getünchten Gräbern gleicht, die äußerlich zwar schön scheinen, inwendig aber voller Totengebeine und aller Unreinheit sind! So erscheint auch ihr äußerlich vor den Menschen als gerecht, inwendig aber seid ihr voller Heuchelei und Gesetzlosigkeit. (Matthäus 23,25-28)

Noch einmal: Du darfst die endgültige Absicht und das Ziel deiner Zucht und Ermahnung nicht aus den Augen verlieren: Es geht darum, Gottes Maßstab der Heiligkeit zu vermitteln und deinem Kind aufzuzeigen, dass es nie in der Lage sein wird, diesen Maßstab aus eigener Kraft vollkommen zu erfüllen. Wie das Gesetz, so bist auch du ein Spiegel. Obwohl unfähig, selbst die Unreinheit abzuwaschen, hilfst du deinem Kind, den Schmutz in seinem Gesicht zu sehen. Wenn das Kind sich seines Zustands bewusst wird, dann kann ihm die einzig richtige Reaktion eingeprägt werden, nämlich Vergebung durch Buße und Umkehr von Sünde zu suchen und an Christus zu glauben.

Obwohl christliche Eltern sich nicht absichtlich vornehmen, einen Pharisäer hochzuziehen, geschieht dies doch sehr leicht. »Kontrolle« über dein Kind zu bekommen und sein Verhalten zu formen, ist nicht die größte Herausforderung in der Erziehung. Sorge dich vielmehr um den wahren Zustand seines Herzens (Markus 7,20-23). Du musst begreifen, dass dein Kind, um gerettet zu werden, erkennen muss, dass es ein Sünder ist. Daher unterweise es in der Wahrheit der Schrift und bete, dass Gott das Wissen deines Kindes über das Evangelium mit persönlichem Glauben verbindet.

Anhang V
Die Eltern-Kind-Beziehung

von Wayne Mack

EPHESER 6,4

Anhang VI
Gedanken zur körperlichen Züchtigung

Das Ziel biblischer Zucht ist Zurechtbringung und nicht in erster Linie Strafe; es geht darum, das Gewissen zu reinigen und mit Gott und anderen versöhnt zu werden. Dies trifft sowohl auf Züchtigung als auch auf andere negative Konsequenzen zu.

»Gebrauche sie (die Rute) mit Zurückhaltung und setzte sie vor allem dort ein, wo es sich um vorsätzlichen Ungehorsam handelt. Sie ist Medizin, keine Nahrung; ein Mittel, dass zur Förderung der Gesundheit im Falle von Krankheit eingesetzt wird; sie ist kein Bestandteil des täglichen Lebens und zählt nicht zu den Grundnahrungsmitteln. Wenn man Medizin zur täglichen Nahrung macht, wird dadurch ihre heilende Wirkung nach und nach zerstört.« Charles Bridges, *Proverbs*, S. 430.

Wenn ein Kind sich den Eltern vorsätzlich widersetzt, dann sind die Eltern Gottes Werkzeug zur Korrektur, so dass das Kind begreift, dass seine Entscheidung falsch und gegen Gottes Willen gerichtet war. Gott schreibt den Eltern jedoch nicht vor, welche Art von Züchtigung im Einzelfall anzuwenden ist. Die folgenden Hinweise sollen helfen, in deiner Familie die Prinzipien biblischer Zucht liebevoll, wirksam und betend anwenden zu lernen.

Nimm dir Zeit, über die Art des jeweiligen Vergehens in Ruhe nachzudenken.

Reagierte das Kind rebellisch oder trotzig?

- Hattest du klare Anweisungen gegeben, denen das Kind ohne Infragestellung, Entschuldigung oder Verzögerung gehorchte?

- Zeigte das Kind Starrsinn gepaart mit Schmollen, Nörgeln oder Trotz? Hat das Kind durch seine Körpersprache

»Nein« gesagt? Stelle geeignete Fragen, um herauszufinden, was sie durch ihre Körpersprache vermitteln wollten (Sprüche 18,13). (Pass dabei auf, dass du vorübergehende Enttäuschung oder Kummer nicht mit Trotz verwechselst.)

- Hat das Kind eine respektlose Bemerkung gemacht oder dich gar beschimpft?
- Zeigte es allgemein eine widerspenstige Gesinnung?
- War Lüge mit im Spiel?

Wenn du überzeugt bist, dass Auflehnung oder Trotz im Spiel waren, wird körperliche Züchtigung wohl unvermeidbar sein (Sprüche 15,10a), wenn nicht noch andere mildernde Faktoren eine Rolle spielen (z.B. Unreife, Gnade). Kann darauf verzichtet werden, dann soll dem Fehlverhalten eine andere angemessene Strafe folgen.

Bestehe darauf, dass das Kind die Schuld zugibt und die Verantwortung für seine törichte Entscheidung übernimmt.

- Frage das Kind, welche Entscheidung es hätte treffen müssen.
- Frage es, ob das, was es getan hat, in Gottes Augen richtig oder falsch war.
- Fordere es zur Umkehr auf und bete, dass Gott echte Buße wirkt. Das Kind muss verstehen, dass es gegen Gott gesündigt hat.

Die Züchtigung soll ruhig, aber bestimmt ausfallen.

- Körperliche Strafe muss maßvoll, vernünftig und dem Alter entsprechend sein und darf nie so ausfallen, dass die Gefahr von körperlichen Verletzungen besteht.

- Die Züchtigung muss gründlich genug sein, um ein Nachdenken und Reue zu bewirken, so dass eine Veränderung eintritt.

- Wähle immer eine geeignete Körperstelle, so dass keine Verletzungsgefahr besteht.

- Im Allgemeinen sollten Kinder, soweit irgend möglich, im Privaten gezüchtigt werden. Vermeide es vor allem, das Kind in der Öffentlichkeit zu strafen.

- Denke daran: Das Ziel ist nicht Bestrafung, sondern Zurechtbringung, so dass das Kind das Vergehen bereut und nicht wiederholt (2. Petrus 2,22; Sprüche 26,11).

Lass der Züchtigung Anweisung, Unterweisung, praktische Übungen und Gebet folgen (2. Timotheus 3,16-17).

- Besprich mit dem Kind, wie es sich verhalten soll, wenn wieder eine ähnliche Situation auftritt. Was hätte es stattdessen tun können und warum?

- Erinnere dein Kind daran, dass du ihm gern beistehen und helfen möchtest. Das kann zu einer besonderen Zeit des Trostes und des Gebets werden, in der du Gott bittest, im Herzen des Kindes zu wirken.

- Weise das Kind an, Gott und andere betroffene Personen um Vergebung zu bitten sowie einem verletzten Bruder oder einer verletzten Schwester Zuneigung zu zeigen und sich zu bemühen, die Beziehung wieder herzustellen (Lukas 11,24-26; Epheser 4,22-24).

Alles, was du tust, soll ein Ausdruck der *Agape*-Liebe sein.

- Eine sanfte Antwort wendet den Grimm ab, ein verletzendes Wort aber reizt zum Zorn (Sprüche 15,1).

- Der Zorn des Menschen vollbringt nicht Gottes Gerechtigkeit! (Jakobus 1,20).

- Gebrauche Worte, die helfen, ein Problem zu lösen oder zu klären. Vermeide Worte und einen Tonfall, die eine Person angreifen (Epheser 4,29).

- Erwähne das Vergehen nicht mehr – in dem Sinn, dass du es gegen das Kind verwendest. Wenn du über vergangene Vergehen sprechen musst, dann tue es nur zu ihrem Besten (d.h. um ihnen zu helfen, ein sündiges Verhaltensmuster zu überwinden).

- Wenn die Sache dann erledigt und die Situation geklärt ist, dann suche nach einer Gelegenheit, dein Kind zu ermutigen.

Mach dir klar, dass – obwohl du vielleicht dafür betest und dir wünschst, dass deiner Zurechtweisung Buße und Wiederherstellung folgen – die gewünschte Veränderung manchmal nicht eintritt. Sei geduldig, während Gott im Herzen des Kindes wirkt.

Mach weiter und lass die alten Dinge ruhen, es sei denn, das unveränderte Verhalten des Kindes macht weitere Zurechtweisung erforderlich. Suche nach Gelegenheiten, um – unabhängig von dem tatsächlichen Sachverhalt oder Problem – mit deinem Kind zu reden, und versuche den wahren Zustand seines Herzens zu verstehen (Sprüche 4,23; 20,5). Bete um Weisheit – Gott wird sie gewähren (Jakobus 1,5).

Lies Sprüche 13,24; 19,18; 23,13-14; 22,15; 29,15; Hebräer 12,6-11

[Buchempfehlung: Kapitel 11 (Biblische Methode Nr. 2: Die »Rute«) aus *Eltern – Hirten der Herzen* von Tedd Tripp, 3L Verlag 2001]

Anhang VII
Hilfen zum Erkennen, Verändern und Entwickeln von Gewohnheiten

Wir entwickeln während unseres Lebens ganz automatisch die verschiedensten Gewohnheiten. Gewohnheiten können entweder gut (hilfreich) oder schlecht (nachteilig) sein. Beachte Hebräer 5,14 und 2. Petrus 2,14b (»ein in Habsucht geübtes Herz«). Unterstütze kleine Kinder dabei, gute Gewohnheiten zu entwickeln.

1. Liste die Stärken und Schwächen deines Kindes auf.

2. Danke Gott für ihre Stärken und ermutige sie.
Sprüche 10,22a; 25,11; 27,2
Wenn du dein Kind lobst, erinnere es daran, dass Gott die Quelle aller unserer Segnungen und Fähigkeiten ist (Römer 11,36; Jakobus 1,17).

3. Konzentriere dich jeweils auf ein oder zwei Schwächen oder Gewohnheiten, an denen ihr arbeiten müsst.
Versuche nicht, alles auf einmal ändern zu wollen.

4. Sprich mit ihnen über solche Charaktereigenschaften, von denen du möchtest, dass dein Kind sie entwickelt und daran arbeitet.
Suche geeignete Bibelstellen und lehre sie.

5. Lege angemessene Belohnungen und Bestrafungen fest.
Teile sie deinem Kind mit (abhängig vom Alter).
Sei so konsequent wie möglich und zieh die Dinge, die du festgelegt hast, auch durch.
Denke daran: Nicht alles verdient eine konkrete Belohnung. Manche Dinge sollen getan werden, einfach weil es richtig ist, sie zu tun (Lukas 17,7-10). Außerdem entspringen nicht alle schlechten Gewohnheiten einer auflehnenden Haltung, manche erfordern folglich auch keine Züchtigung.

6. Breite deine Pläne im Gebet vor dem Herrn aus.
   Sprüche 3,5-6; 16,1-3
   Du brauchst Gottes Weisheit; dein Kind braucht Gottes Hilfe zur Veränderung.

7. Überprüfe in regelmäßigen Zeitabständen den Fortschritt deines Kindes.
   Vielleicht musst du dein »System« von Belohnung und Bestrafung anpassen. Oder es ist vielleicht an der Zeit, sich einer anderen Gewohnheit deines Kindes zu widmen.

Ein einfacher Plan wie dieser kann helfen, dein Kind anzuleiten, weise zu leben. Aber bedenke: Wenn du deinem Kind hilfst, gute Gewohnheiten zu entwickeln, wird sein Herz dadurch nicht verändert. Darum bete, dass Gott im Herzen deines Kindes Erkenntnis biblischer Maßstäbe und wachsende Lebenstüchtigkeit eng mit rettendem Glauben und einer wachsenden Liebe zum Herrn verbindet.

Anhang VIII
Ein einfacher Plan für die Kindererziehung

von Dr. William Goode

1. **Ermutige viel**
   Ein Kind, bei dem Ermutigung und Korrektur in einem ausgewogenen Verhältnis zueinander angewandt werden, ist in der Lage, zwischen »richtig« und »falsch« zu unterscheiden (Römer 13,7).

2. **Spiele viel**
   Trotz der vielen Probleme, die das Leben mit sich bringt, müssen wir als Erwachsene Standhaftigkeit beweisen, und unsere Kinder müssen sehen, wie wir arbeiten, spielen, lachen und ernst sind. Dabei ist es sehr wichtig, dass wir ausreichendes persönliches Interesse haben und mit ihnen Spiele spielen, die sie mögen (Sprüche 17,22).

3. **Bete viel**
   Wir sind auf Gottes Hilfe angewiesen. Rede viel mit Gott über deine Kinder (Jakobus 1,5).

4. **Lehre viel**
   Epheser 6,4: »Ermahnung« = in das Denken schreiben; innere Überzeugungen aufbauen.

5. **Gebrauche häufig das Prinzip von »Ursache und Wirkung« …**
   … zur Korrektur. So kann man auf natürliche Art und Weise vermitteln, dass alles, was wir tun, auch Folgen hat (Galater 6,7).

6. **Wenn du sie züchtigst …**
   … tu dies in Liebe, überlegt, betend und gründlich, dann brauchst du es nicht häufig tun.

Anhang IX
Hilfe für Entscheidungsprozesse in »Grauzonen« des Lebens

Was möchte Gott, dass ich tun soll?

Die folgenden Fragen sollte man mit »Ja« beantworten können.

1. Wird Gott in jeder Beziehung verherrlicht?
   1. Korinther 10,31

2. Entspricht es dem, was Christus in dieser Situation tun würde?
   1. Johannes 2,6

3. Ermutigt es mich, Gott meinen Dank entgegenzubringen?
   1. Korinther 10,31; Kolosser 3,17

4. Ist es rechtmäßig?
   Römer 13,1-7; 2. Petrus 2,13-17

5. Ermutigt es andere?
   1. Korinther 10,23

6. Hilft es mir, das Evangelium zu verkündigen, ohne die Wahrheit aufs Spiel zu setzen?
   1. Korinther 10,27-33

7. Fördert es meine Bereitschaft, mich unterzuordnen? Was denken meine Eltern?
   Epheser 5,21

8. Fördert es Gott wohlgefälliges Denken?
   Philipper 4,8; Römer 12,1-2

9. Hilft es mir, geistlich zu wachsen?

Die folgenden Fragen sollte man mit »Nein« beantworten können.

1. Versklavt es mich?
   1. Korinther 6,12

2. Hält es mich davon ab, mein Bestes zu geben?
   Hebräer 12,1

3. Verleitet es mich dazu, meine Sünde rechtfertigen zu wollen? (z.B.: »Jeder hört sich so etwas an«)
   1. Petrus 2,16

4. Hält es mich davon ab, die mir von Gott anvertrauten Güter richtig zu verwalten, z.B. die Zeit?
   1. Korinther 6,19-20; Epheser 5,15-16

5. Dient es in erster Linie mir selbst?
   1. Korinther 10,33; Römer 15,1-2; Philipper 2,3-4

6. Verleitet es mich dazu, über andere ungerecht zu urteilen?
   Römer 14,2-13

7. Verleitet es andere dazu, mir nachzueifern und dadurch in Sünde zu schlittern?
   1. Korinther 8,9-13

8. Verletzt es mein Gewissen?

Anhang X
Vier hilfreiche Prinzipien für die Kommunikation

Epheser 4,25-32

übernommen von der
Faith Baptist Church (Lafayette, Indiana)
und John Bettler

Gute Beziehungen entstehen nicht von allein; sie sind auch nicht gegen Probleme gefeit! Alle Menschen sind Sünder (Römer 3,10-12.23). Sie sind selbstsüchtig und begrenzt – und das allein reicht schon, um Konflikte hervorzurufen.
Verliere nicht den Mut! Menschen, die Jesus Christus kennen und seinen Maßstäben für Kommunikation folgen, können feste, beständige Beziehungen aufbauen. Das gilt vor allem auch dann, wenn es darum geht, Probleme zu lösen.
Epheser 4,25-32 nennt »vier hilfreiche Prinzipien für die Kommunikation«, welche die Kinder lernen und die Eltern vorleben sollten.

I. Sei ehrlich (V. 25)

A. Rede

1. Im Griechischen steht hier ein Imperativ, d.h. es handelt sich um einen Befehl: »Rede!«
   - Warum? Menschen können keine Gedanken lesen.
   - Zugeknöpft sein ist für Christen keine Lösung. Auch nicht ausweichen und vermeiden.
2. Das Verb steht im Präsens – es ist eine andauernde Handlung. (siehe auch Epheser 4,15; Kolosser 3,9)

B. Rede die Wahrheit (Sprüche 12,22; 19,5)

Doch Ehrlichkeit ist mehr, als nicht zu lügen.
Einige Beispiele von Unehrlichkeit sind:

- Täuschung
- Übertreibung (sei vorsichtig im Gebrauch von »immer« oder »nie«)
- Ausflüchte
- Verschleierung der eigentlichen Aussage; Andeutungen
- Widerspruch zwischen Inhalt des Gesagten und Mimik (oder Körpersprache)
- Halbwahrheiten

C. Rede die Wahrheit in Liebe (Epheser 4,15 und Sprüche 21,23)

- Sei darauf bedacht, was du sagst (Epheser 4,29).
- Sei darauf bedacht, wie du es sagst (Sprüche 12,18; 15,1.4; 16,21).
- Sei darauf bedacht, wie viel du sagst (Sprüche 10,19; 16,23; 17,27; 18,2).
- Sei darauf bedacht, wann du etwas sagst (Sprüche 15,23; 25,11).

Als Ergänzung zum Reden der Wahrheit: Werde ein fähiger Zuhörer (Sprüche 18,13.15).

II. Bleibe auf dem Laufenden (V. 26-27)

A. Es ist Sünde, wenn man es verpasst oder nicht versucht, die Probleme eines jeden Tages so schnell wie möglich zu lösen.

B. Das Versagen, Probleme schnell zu lösen …

1. öffnet Wege für Groll, Hass und Bitterkeit.
2. verdreht nachfolgende Probleme (siehe Matthäus 6,34).

C. Fragen, die man sich stellen muss, bevor man eine Sache zur Sprache bringt:

1. Sprüche 18,13.15: »Kenne ich die genauen Tatsachen?«
2. Sprüche 27,6; Matthäus 12,34b: »Was ist meine Motivation, es anzusprechen?«
3. Matthäus 7,1-5: »Habe ich meine eigene Sünde vorher bekannt?«

4. 1. Petrus 4,8: »Handelt es sich um etwas, das durch meine Liebe zugedeckt werden kann?«
5. Epheser 4,15; Sprüche 15,1: »Sind meine Worte liebevoll?«
6. Sprüche 15,23b; 25,11: »Ist der Zeitpunkt geeignet?«
7. Sprüche 3,5; Philipper 4,6.7; 1. Thessalonicher 5,17: »Habe ich Gott um Weisheit gebeten?«

III. Greife das Problem an, nicht die Person (V. 29-30)

A. Vermeide »schädliche Worte«

1. Worte, die herunterziehen.
2. Worte, die den Konflikt umgehen.
3. Worte, die den Heiligen Geist betrüben.

B. Gebrauche erbauende Worte

1. Worte, die aufbauen.
2. Worte, die sich damit beschäftigen, was eine Person sagt oder tut.
3. Worte, die helfen, eine **Lösung** zu finden.

IV. Agiere, statt nur zu reagieren (V. 31-32).

A. Reaktionen, die »abgelegt« werden müssen (V. 31)

Einstellungen und Handlungen als Reaktionen auf etwas, was geschehen ist:

1. Bitterkeit
2. Zorn
3. Ärger
4. Geschrei
5. Beschimpfung
6. Böswilligkeit

Die natürliche Neigung unserer sündigen Natur ist es, bezüglich unserer eigenen Sünde eine Abwehrhaltung einzunehmen und uns zu verteidigen (andere zu beschuldigen, davonzulaufen, zu reagieren usw.).

B. Aktionen, die »angezogen« werden müssen (V. 32)

Einstellungen und Handlungen, die aktiv »angezogen« werden sollten, egal was geschehen ist:

1. Freundlichkeit
2. Weichherzigkeit
3. Vergebung

Durch die Hilfe des Geistes Gottes können wir lernen, so zu werden.

Konflikte können gelöst werden, wenn wir agieren und nicht reagieren.

Schlussfolgerungen

1. Es ist nicht *einfach*, aber möglich, Gewohnheiten zu verändern (1. Korinther 10,13). Das erfordert Arbeit. Aber es ist einfacher, als den Weg des Missetäters zu gehen (Sprüche 13,15b).
2. Egal wie sehr der andere etwas Falsches tut: Du musst *biblisch* handeln! Du kannst den anderen nicht unbedingt verändern, aber du kannst deine Reaktion darauf beeinflussen und verändern.

Anhang XI
Merkmale einer Arbeitsethik

Der Faulpelz verwerflich faul, träge	**Der Diener** lobenswert fleißig, ausdauernd		
schlecht	**gut**	**besser**	**am besten**
• verantwortungslos • tut eine Sache später oder überhaupt nicht, tut es langsam, lässt sich ablenken	• verantwortungsvoll • erfüllt seine Aufgabe, tut treu das, worum er gebeten wurde • ist gut (aber Christus macht deutlich, dass wir keine besondere Belohnung erhalten)	• verantwortungsvoller • tut regelmäßige Aufgaben ohne Aufforderung • nimmt an Reife zu	• am verantwortungsvollsten • erfüllt neue Aufgaben selbstständig, ergreift Eigeninitiative • erkennt Bedürfnisse und ist bestrebt, sie zu erfüllen • ist einfühlsam anderen gegenüber, von Liebe motiviert

Sprüche 21,25: *Dem Faulen bringt seine Begierde den Tod, denn seine Hände weigern sich zu arbeiten.*
Sprüche 26,14: *Die Tür dreht sich in der Angel und der Faule in seinem Bett.*
Sprüche 19,15: *Faulheit versenkt in tiefen Schlaf, und eine träge Seele muss hungern.*

Lukas 17, 7-10 – Der eigentliche Punkt dieses Gleichnisses ist, dass ein Diener keine besondere Belohnung für etwas erwarten sollte, was sowieso seine Aufgabe war. Gehorsam ist in dieser Hinsicht nicht als lobenswert anzusehen.
Prediger 9, 10: ... *das tue mit deiner ganzen Kraft.*
Kolosser 3, 23: ... *was ihr tut, das tut von Herzen, als für den Herrn ...*
Lukas 10, 34 – Der barmherzige Samariter

Anmerkung: Die meisten Eltern scheinen damit zufrieden zu sein, wenn ihr Kind »Dienst nach Vorschrift« leistet und sich darum bemüht, seine Verantwortung wahrzunehmen. Wenn wir uns aber damit begnügen, obwohl das ja an und für sich eine gute Sache ist, wird das alles sein (und bleiben), was das Kind erreichen wird. Wenn wir nicht darauf hinzielen, dass unsere Kinder Eigeninitiative ergreifen, werden sie dies wahrscheinlich auch nie tun.

Anhang XII
Abhandlung über Reizbarkeit

von Jerry Wragg

Die einzige Art des Zorns, der den Zielen des Reiches Gottes gerecht wird, ist gerechter Zorn. Das bedeutet, dass man über Dinge zornig ist, welche die Ehre Gottes verletzen. Obwohl wir nicht in der Lage sind, diese vollkommene Form gerechten Zorns zu zeigen – denn das kann nur Gott –, können wir dennoch so sehr von seiner Wahrheit erfüllt sein, dass wir die Angriffe anderer von seinem Standpunkt aus betrachten und empfinden. Das ist vor allem für Eltern wichtig, wenn es darum geht, wie sie mit ihren Kindern umgehen. Eltern werden oftmals zornig aufgrund ihrer eigenen Selbstsucht, weil sie bestimmte Vorstellungen davon haben, wie das Leben zu Hause ablaufen soll. Wenn es dann nicht so läuft, sind das Ergebnis oft Zorn und Scheltworte.

Scheltworte tun Epheser 4,29 Gewalt an; dazu gehören alle Worte, die einer anderen Person nicht zur Auferbauung dienen. Stelle dir selbst (und auch deinen Kindern) folgende Fragen: »Ziehen diese Worte herunter oder bauen sie auf?« »In welcher Weise können die eben gesprochenen Worte die Person, der du sie gesagt hast, aufbauen?«

Jakobus 1,20 lehrt, dass sündiger Zorn nichts zu Gottes Absichten beiträgt. Tiefer Groll dient nicht den Zielen Gottes. Galater 4,16 beschreibt diese Art von innerer Einstellung als etwas, was man von einem Feind erwarten würde. Eltern dürfen sich nicht wie Feinde des Kindes verhalten.

Es kann sein, dass Eltern ihren Kindern mit Bestimmtheit erklären müssen, dass Sünde ihr Leben zerstören wird, … dass Sünde, wenn sie nicht angesprochen und ausgemerzt wird, sie zu Narren machen wird, … dass Sünde in den Augen Gottes verachtenswert ist. Wir müssen ihnen durch liebevolle Zucht und einen beständigen Ruf zur

Umkehr die Torheit »austreiben« (Sprüche 22,15). Aber wenn du diese Wahrheit schimpfend und in einer zornigen Art ausdrückst, dann kannst du stattdessen dein Kind zur Verzweiflung treiben.

Kinder merken, wenn Eltern nicht nach der Schrift leben. Sie merken, wenn Eltern sich nicht der Wahrheit des Wortes Gottes unterordnen. Und je älter sie werden, desto stärker werden sie sich dessen bewusst.

Schleichende Formen von Zorn sind genauso gefährlich. Ein reizbarer Mensch ist jemand, der keine Unannehmlichkeiten in seinem Leben ertragen kann. Es ist töricht zu denken, dass es in all den Jahren der Elternschaft keine Unannehmlichkeiten in deinem Leben geben würde.

Gott lässt die Schwierigkeiten im Leben zu, damit wir gestärkt und ermutigt werden, … damit wir wachsen. Gott ist am Werk, und es ist zweifellos so, dass er unsere Kinder dazu benutzt, seine Ziele mit uns zu erreichen. Wenn wir gereizt sind, zeigen wir damit mangelndes Vertrauen in Gottes Souveränität und in seine Fähigkeit, unsere Prüfungen zu unserer Heiligung zu gebrauchen.

Wenn du es vermeiden willst, deine Kinder zu erzürnen, und wenn du ein solcher Vater oder eine solche Mutter sein willst, der bzw. die den Situationen, wie sie im alltäglichen Leben halt vorkommen, mit einer offenen Haltung begegnet, dann höre auf, vom Leben eine gerechte Behandlung zu fordern. Rechne nicht auf der Arbeitsstelle und nicht zu Hause damit, nicht bei deinen Freunden noch in der Gemeinde und auch nicht in deinen persönlichen Beziehungen. Fordere keine gerechte Behandlung. Das Leben ist in vieler Hinsicht sehr ungerecht. So ist es nun mal. Aber Gott sei Dank bekommen wir durch Gottes Gnade nicht das, was wir verdienen. In Christus haben wir Barmherzigkeit erfahren. Lasst uns vom Leben keine gerechte Behandlung erwarten, sondern lasst uns dankbar sein – besonders für die glaubensstärkenden Unannehmlichkeiten, die dazugehören, wenn man eine Familie hat.

Wenn du einen langen und anstrengenden Arbeitstag hattest, bete für die Zeit, die du zu Hause mit deinen Kindern haben wirst. Du sagst: »Aber ich habe bei der Arbeit im dicksten Kampfgetümmel gesteckt. Habe ich jetzt nicht ein Recht auf Zeit für mich, um mich zu entspannen?« Das ist ein häufiger Anlass für Spannungen, die zu Konflikten und Zornausbrüchen führen. Eltern glauben, dass sie durch ihre harte Arbeit, die sie ja um ihrer Lieben willen tun, einen Anspruch auf ihren wohlverdienten Feierabend haben. Das Problem ist dabei nicht der Wunsch nach Erholung, sondern die Erwartung, dass das Leben ihren eigenen Ansprüchen dienen soll.

Tatsache ist, dass solche Erwartungen im Licht der sich entfaltenden Absichten Gottes unnötig sind. Manchmal gewährt uns der Herr eine Gelegenheit, um auszuruhen (Psalm 127,2), und beim nächsten Mal lässt er es zu, dass die Ruhepause von den Anforderungen des Lebens verdrängt wird (Prediger 2,23). Häufig haben aktive und heranwachsende Kinder unzählige Fragen und Dinge, die die elterliche Aufmerksamkeit erfordern. Und dabei ist noch nicht die Zeit und Energie berücksichtigt, die für die Pflege der Ehebeziehung nötig ist. Darum ist es extrem hilfreich, zu beten und dein Herz auf das vorzubereiten, was auf dich zukommt – wissend, dass alles, was in deinem Leben geschieht, im Einklang ist mit dem sich entfaltenden Plan Gottes.

Gewöhne dir an, jede Herausforderung als vom Herrn kommend zu betrachten. In Psalm 119,75 heißt es: »HERR, ich weiß, dass deine Gerichte gerecht sind, und dass du mich in Treue gedemütigt hast.« Der Herr bringt mit seinen gütigen Händen bestimmte Situationen in unser Leben, die uns hart zusetzen. Und es ist wichtig, dass wir sie annehmen, so dass wir nicht zu gereizten Menschen werden. Reizbarkeit ist in Wirklichkeit nur innerer Zorn, der sich noch nicht voll und sichtbar geäußert hat. Es ist jene Art innerer Einstellung, die sagt: »Heute kann ich keine Unannehmlichkeiten gebrauchen. Ich möchte keinen Zusammenstoß in der Familie, unter den Kindern oder sonst etwas, was mich beunruhigt.« Diese Verse helfen uns, uns auf die Prüfungen des Lebens vorzubereiten, indem sie uns daran erinnern, dass Gott treu ist, auch wenn er uns demütigt. Beachte auch

Vers 67 im selben Psalm: »Ehe ich gedemütigt wurde, irrte ich.« Du brauchst diese Bedrängnis. Ich brauche diese Bedrängnis.

Wenn du nach Hause kommst und die Kinder deine Zeit und Aufmerksamkeit fordern, musst du nicht gereizt reagieren. Du solltest einfach beten: »Herr, du beabsichtigst etwas damit.« Bedeutet das, dass dein Zuhause nie ein Ort der Ruhe sein sollte? Bedeutet das, dass du von deinen Kindern nicht erwarten kannst, dass sie mit dazu beitragen, dass es zu einem Ort der Ruhe wird? Sicherlich nicht. Als Elternteil kannst du dein Zuhause so leiten, wie du möchtest. Aber stelle sicher, dass deine Regeln Jesus Christus ehren und dass sie einem bestimmten Zweck dienen. Vermeide sorgfältig, einen Lebensstil zu entwickeln, der deiner Familie gegenüber ständig Selbstsucht zum Ausdruck bringt.

Bevor du versuchst, eine entspannte Umgebung in deinem Zuhause zu schaffen, pflege zunächst in deinem eigenen Herzen die Bereitschaft und Fähigkeit, geistliche Stärkung zu finden, egal wie die Lebenssituation sich gerade präsentiert. Und wenn du dann nach Hause kommst und eines deiner Kinder sagt: »Vati, ich muss dich jetzt sofort wegen einer bestimmten Sache sprechen«, dann wirst du in der Lage sein, geistliche Stärkung darin zu finden, ihm auf diese Weise zu dienen. Es ist ein furchtbarer Fehler, wenn du das nicht tust. Bereite dich auf solche Situationen vor; es wird sie immer wieder geben.

Der Vers 77 des 119. Psalms gibt uns eine wunderbare Ermutigung: »Lass mir deine Barmherzigkeit widerfahren, dass ich lebe!« Das bezieht sich auf die Lebenskraft, die man in der Barmherzigkeit des Herrn findet. Wenn wir unsere eigenen Wünsche und Pläne im Dienst für andere opfern, einschließlich des Dienstes in der Familie, belebt der Herr uns mit seinem Erbarmen. Darum weigere dich, reizbar zu werden. Dann wirst du vom Herrn gesegnet werden, indem er deinen Kummer gebraucht, um dich ihm ähnlicher zu machen.

Anhang XIII
Es gibt einen Erlöser

von John MacArthur, Frühjahr 1996

Die Botschaft des Christentums ist, dass es einen Retter gibt. Die Bibel sagt: Wenn du an Christus glaubst, wirst du gerettet werden – von Sünde, Tod und ewiger Hölle. Neulich sprach ich im Flugzeug mit einem Mann über Christus und über Themen aus der Bibel. Er sagte: »O ja, ich glaube auch daran.« Nun, reicht es aus, nur daran zu *glauben*? Sagt die Bibel nicht, dass wir durch den Glauben gerettet sind? Was für ein Glaube ist gemeint?

Die Bibel macht eine sehr interessante Aussage. Bezogen auf Jesus sagt sie: »Viele glaubten an seinen Namen, … Jesus selbst aber vertraute sich ihnen nicht an …« (Johannes 2,23-24). Jetzt überrascht es vielleicht, dass Menschen an Jesus glauben konnten, aber nicht von ihren Sünden errettet waren. Aber das braucht uns nicht zu erschüttern, wenn wir wissen, was die Schrift im Jakobusbrief sagt: »… Auch die Dämonen glauben es …« (2,29). Und wir wissen, was die Dämonen erwartet – der Feuersee, der für sie bereitet ist, wie die Schrift sagt. Der springende Punkt ist, dass die Bibel lehrt, dass es möglich ist, bis kurz vor die Schwelle der Errettung zu kommen – und sie doch völlig zu verpassen.
Lasst es mich anders ausdrücken:

1. Auch das größte *Wissen* ist kein Beweis für Errettung.
   Kein Wissen, egal wie umfangreich. Es spielt keine Rolle, wie viel du von der Bibel weißt, wie viel du über Christus weißt – über sein Leben, seinen Tod oder seine Auferstehung. Wie ich schon sagte: Sogar die Dämonen haben eine korrekte Theologie. Und es gibt auch viele Menschen, die die Tatsachen über unseren Herrn Jesus kennen. Keine Erkenntnis, egal wie groß sie auch sein mag, ist an und für sich ein Beweis für Errettung. Man kann dies auch folgendermaßen betrachten:

2. Kein *Vertrauen* in dieses Wissen, egal wie groß es auch sein mag, ist ein Beweis für Errettung.
Die Dämonen *haben* nicht nur das Wissen, sie *glauben* auch, dass es wirklich so ist. Sie *wissen*, dass es wahr ist. Die Dämonen, die einmal heilige Engel im Himmel waren, aber wegen ihrer Sünde hinausgeworfen wurden, kennen die Wahrheit über Gott. Sie kennen die Wahrheit über Christus. Sie kennen die Wahrheit über die Auferstehung. Sie kennen alles, was die Bibel sagt. Und sie wissen, dass es wahr ist. Aber das errettet sie nicht. Weder das größte Wissen noch fester Glaube an dieses Wissen ist ein zwingender Beweis für Errettung. Lasst mich einen Schritt weitergehen.

3. Große *Furcht vor dem Gericht Gottes* ist kein Beweis für Errettung.
Die Dämonen glauben und zittern. Warum glauben sie? Weil sie wissen, dass das Gericht über sie kommen wird. Römer 1 macht die gleiche Aussage über die Menschen. Obwohl sie wissen, dass das Gericht Gottes kommen wird, entscheiden sie sich trotzdem, ohne ihn zu leben (Römer 1,18-23). Sie wissen, dass ein Tag kommen wird, an dem sie für ihre Ungerechtigkeit werden bezahlen müssen. Sie wissen, dass das Gericht kommen wird. Die Bibel ist nicht nur deutlich in diesem Punkt, es gibt auch überall in der Geschichte viele Hinweise darauf. Wir, die wir hier in Südkalifornien leben, bekommen immer wieder Erdbeben zu spüren – manchmal sehr verheerend. Diese Erdbeben sind nur schwach, nur ein kleiner Hinweis darauf, was in der Zukunft noch kommen wird. Aber Furcht vor diesem Gericht an sich ist kein Beweis für Errettung. Gehen wir noch einen Schritt weiter.

4. Auch die stärksten *Schuldgefühle* sind kein Beweis für Errettung.
Die Welt ist voll von Menschen, die sich schuldig fühlen. Darum haben sie Depressionen oder nehmen Drogen. Darum trinken sie – um ihre Schuld zu ertränken. Darum gehen sie zum Psychiater – um eine kleine Erleichterung für ihre Gewissensbisse zu be-

kommen. Dass einem die Sünde Leid tut und man sich schlecht fühlt, ist ziemlich verbreitet. Darum hat unsere Gesellschaft als Lösung das Selbstwertgefühl erfunden. Das gibt den Menschen einen Vorwand, sich nicht schlecht zu fühlen, obwohl sie es doch eigentlich sollten. Und trotz der Lehre über Selbstwertgefühle fühlen sie sich immer noch schuldig. Aber Schuldgefühle sind nicht unbedingt ein Beweis für Errettung. Gehen wir noch einen Schritt weiter.

5. *Sich nach Errettung zu sehnen*, bedeutet noch lange nicht, dass du sie hast.
Die Welt ist voller Religionen. Und der größte Anteil der Weltbevölkerung gehört diesen Religionen an. Sie sind davon überzeugt, dass die Zeremonien, die Rituale, die Ethik und Moral dieser Religionen Errettung – ewiges Leben – bringen. Aber das heißt nicht, dass sie die Errettung auch erlangt *haben*. Sie sehnen sich nach Errettung; sie wollen in den Himmel. Aber das an sich garantiert nicht, dass sie das ewige Leben auch bekommen werden. Die Hölle wird voll sein von religiösen Menschen. Und schließlich:

6. Kein *Glaube an die Erhabenheit Jesu Christi*, egal wie groß er auch sein mag, ist ein zwingender Beweis für Errettung.
Es gibt viele Menschen, die glauben, dass Jesus der beste Mensch war, der je gelebt hat. Viele Menschen glauben, dass Jesus wirklich Gott war. Und er *war* Gott. Er kam als Gott in menschlicher Gestalt in diese Welt. Und sie glauben, dass es niemanden gibt oder jemals geben wird, der ihm gleichkommt. Aber an seine Herrlichkeit, an die Erhabenheit von Christus zu glauben, ist an sich noch kein Beweis für Errettung.

Was will ich damit sagen? Du kannst die Bibel von vorne bis hinten kennen und über alle Fakten bestens informiert sein. Du kannst sogar glauben, dass die Tatsachen wahr sind. Du kannst das Gericht Gottes fürchten, dich wegen deiner Sünde schuldig fühlen und dich nach Errettung sehnen. Du kannst religiös sein. Du kannst sogar an die Erhabenheit Christi glauben. Und doch kannst du in der ewigen Hölle enden. Weil alle diese Vorstellungen und Handlungen an und für sich keinen rettenden Glauben ausmachen. Tatsache ist, dass all diese Dinge eine *vorbereitende Rolle* spielen, wenn es um echten und rettenden Glauben geht. Alles, was ich genannt habe, ist notwendig. Man muss die Wahrheit verstehen, glauben und begreifen, dass das Gericht kommen wird, die Schuld der Sünde wahrnehmen, zu Gott umkehren und Christus als erhöhten Retter annehmen. Aber all dies *führt* nur zur eigentlichen Errettung. Du sagst: »Gut, an welchem Punkt findet nun die Errettung statt?« *Ganz einfach: Sie findet statt, wenn du bereit bist, dich von deiner Sünde abzuwenden, und in einem Akt der vollständigen Hingabe Jesus Christus – ihm allein – hinsichtlich deiner Vergebung vertraust.* Sie findet statt, wenn du bereit bist zu sagen: »Ja, ich kenne die Tatsachen. Ich weiß, wer Gott ist. Ich weiß, wer Christus ist. Ich weiß, wer ich bin. Ich weiß, was mich im Gericht erwartet. Ich begehre, errettet zu werden. Ich begehre es so sehr, dass ich meine Sünde hasse. Ich wünsche Vergebung. Und ich klammere mich ganz an die Barmherzigkeit Gottes in Christus und verlasse mich einzig und allein auf sie.« Ich meine, es läuft alles darauf hinaus, dass du bereit bist, dem Herrn zu sagen: »Rette mich von meinen Sünden. Rette mich vor mir selbst durch Christus.« *Das ist der Punkt, an dem du bereit bist, dich von deiner Sünde abzukehren und Gott zuzuwenden – und Christus zu bitten, Herr über dein Leben zu sein. Das ist die Hingabe, die die Errettung zur Realität macht.*

Ich weiß, dass Kirchen und Gemeinden voll von Menschen sind, die alle das Richtige glauben, die aber nie diese Hingabe vollzogen haben. Nie! Die nie gesagt haben, dass sie sich von der Sünde weg- und zu Christus hinwenden wollen, um ein gerechtes Leben zu führen – solche, die nie gesagt haben, dass sie sich nicht selbst retten können. Aber wenn du ohne Hoffnung und hilflos bist und bereit bist, deine ganze Hoffnung einzig und allein auf die Barmherzigkeit Gottes in Christus als Retter zu setzen, dann gehst du in jenem Augenblick vom Tod ins Leben über.

Nun kennst du die einfache Wahrheit über die Errettung. Diese Hingabe ist der *springende Punkt*. Ich weiß nicht, an welchem Punkt dieses Weges du dich befindest. Vielleicht verstehst du die Schrift nicht. Du musst sie lesen. Vielleicht bist du nicht sicher, wer Christus wirklich ist, oder dir ist nicht klar, wie groß deine Sünden sind. Das Wort Gottes, die Bibel, offenbart uns all dies. Aber wenn du weißt, dass du ein Sünder bist, und wenn du weißt, dass Jesus Christus für deine Sünden gestorben ist, dann musst du an den Punkt kommen, an dem du dich bereitwillig von der Sünde weg- und dem Retter zuwendest und seine Barmherzigkeit erbittest. Es ist ein *Bitten*, es ist ein *Flehen*. Es ist wie bei dem Zöllner, der sich an die Brust schlug und schrie: »Gott, sei mir Sünder gnädig und rette mich.« Christus hat die Strafe für deine Sünde bezahlt. Er starb für dich und bietet dir Vergebung an. Alles, was du tun musst, ist, ihm dein Leben hinzugeben.

Anhang XIV
Die Bekehrung von Charles Spurgeon

von Phillip R. Johnson

Es ist allgemein bekannt, dass Charles Spurgeon zu Christus fand, als er in einer kleinen Kirche Schutz vor einem Schneesturm suchte und dort die Verkündigung des Evangeliums hörte. Manche denken daher fälschlicherweise, dass Spurgeon plötzlich von einem Leben in völligem Heidentum zu Christus bekehrt wurde. Spurgeon selbst drückte es normalerweise so aus, dass er eine lange Zeit unter der Last der Sünde litt, bis er schließlich zu Christus fand. Weil er sich selbst als großen Sünder beschrieb, der völlig auf die göttliche Gnade angewiesen war, bekamen viele, die ihn predigen hörten, den Eindruck, dass er ein tief in Sünde gefallener Mann war und ziemlich spät in seinem Leben zu Christus fand.

Aber Tatsache ist, dass Charles Spurgeon noch im Jugendalter zu Christus bekehrt wurde, was das Ergebnis einer frommen Erziehung in einem Pfarrhaus war. Die zwei wichtigsten Vorbilder für Spurgeon, sein Vater und sein Großvater, waren beide gottesfürchtige Pastoren.

Spurgeon wuchs von seinem zweiten bis kurz vor seinem sechsten Lebensjahr im Haus seines Großvaters auf. Unbekannte Gründe, vielleicht wirtschaftliche Schwierigkeiten, machten es notwendig, dass Charles bei seinen Großeltern väterlicherseits in einem Dorf nahe dem Wohnort seiner Eltern lebte. Charles Spurgeon war der ständige Begleiter seines Großvaters, sowohl in dessen Arbeitszimmer als auch bei dessen Besuchsdiensten. Der junge Charles liebte die Bücher seines Großvaters und entwickelte sich in dieser Hinsicht regelrecht zu einem Wunderkind. Er entwickelte schon früh eine Liebe zu Büchern. Seine besondere Liebe galt dem Buch *Die Pilgerreise* von John Bunyan.

Als Spurgeon im Alter von 6 Jahren in das Haus seiner Eltern zurückkehrte, hatte er inzwischen drei jüngere Geschwister bekommen, zwei Schwestern und einen Bruder. Als älterer Bruder schien er schon früh eine tiefe Verantwortung zu verspüren, seine Geschwister positiv zu beeinflussen. Diese Sichtweise, die sicher ein Teil des pastoralen Vermächtnisses seines Großvaters war, ließ ihn früh reifen und war eines seiner nachhaltigsten Charakterzüge. Als kleiner Junge, noch bevor er zum Teenager wurde, waren seine Hobbys das Schreiben von Gedichten und die Herausgabe einer Zeitschrift. Dabei hat er jene literarischen Fähigkeiten verfeinert, die ihn zu einem legendären Prediger und Autor machten.

Egal in welcher Entwicklungsstufe man auf das Leben Spurgeons blickt: Man wird immer jemanden sehen, der weiser ist, als sein Alter vermuten lässt; er hatte eine außergewöhnlich reife Lebenseinstellung. Sogar Spurgeon selbst verwies darauf. Als er 40 Jahre alt war, sprach er zu einer Gruppe junger Männer, und in diesem Vortrag sagte er, dass er schon mit vierzig ein alter Mann wäre. Er sagte ihnen:

> Ich war im Alter von ungefähr 12 Jahren ein junger Mann, aber mit 16 war ich ein nüchterner, angesehener Baptisten-Pastor, der in seinem Sessel saß und die Gemeinde leitete und regierte. Zu dieser Zeit meines Lebens, als ich eigentlich auf dem Spielplatz hätte sein und meine Beine und Muskeln hätte trainieren sollen, was mich ohne Zweifel vor der Gicht bewahrt hätte, verbrachte ich meine Zeit mit meinen Büchern, studierte und arbeitete hart; und daran hielt ich auch fest, sehr zur Freude meiner Lehrer.[2]

Als Spurgeon mit sechs Jahren in das Haus seiner Eltern zurückkehrte, kam er erstmals in die Schule. Mit seiner Lesefähigkeit und seiner Liebe zu Büchern wurde er zu einem begabten Schüler, dessen Leistungen von Anfang an ausgezeichnet waren. Er war seinen Klassenkameraden voraus, obwohl er erst spät eingeschult worden war. Es gab nur eine Zeit während seiner schulischen Laufbahn, wo seine Noten und seine Leistung nachließen. Die Lehrerin war entsetzt, denn Spurgeon war ihr bester Schüler. Dann fiel ihr auf, dass der beste Schüler vom Platz am Feuer zu einem zugigen Platz in der Nähe der Tür versetzt worden war. Sie erkannte, dass Spurgeon eigentlich absichtlich in seinen Leistungen nachließ; er wollte nicht den besten Platz, weil dieser der unbequemste Platz war. Nachdem die Sitzordnung der Schüler umgestellt wurde, kehrten daher Spurgeons schulische Leistungen zurück, und sie ließen nie wieder nach.

Als Spurgeon ungefähr vierzehn Jahre alt war, gingen er und sein Bruder James in Maidstone zur Schule, wo Spurgeons Onkel als Lehrer tätig war. Dort wurde Charles als junger Teenager in einer Unterhaltung mit einem Lehrer zum ersten Mal mit der baptistischen Sicht der Taufe konfrontiert. (Spurgeons Großvater war Kongregationalist, der die Kindertaufe praktizierte.) Eine anglikanische Schule war ein ungewöhnlicher Ort für jemanden mit einer kongregationalistischen Herkunft, um eine baptistische Überzeugung anzunehmen. Aber Spurgeon fühlte sich schon in jenen jungen Jahren gedrängt, diese Angelegenheit von der Schrift her zu studieren und sich seine eigene Meinung zu bilden. Dabei kam er zu dem Schluss, dass die baptistische Position unangreifbar ist. Also entschloss er sich mit vierzehn, dass er, sollte er jemals eine Bekehrung erleben, sich taufen lassen wollte. So war es um die Ernsthaftigkeit und sein Interesse an geistlichen Dingen bestellt, und das sogar noch vor seiner Bekehrung.

Als Charles zehn oder elf Jahre alt war, begann eine Zeit, in der er tief von seiner Sünde überführt wurde. Er war davon überzeugt, dass er keine rettende Erkenntnis Christi hatte. Und so begann eine Suche nach Errettung, die ungefähr fünf Jahre dauerte. Dies war eine quälende Zeit im Leben von Spurgeon, denn er sah geistliche Dinge mit einer weit größeren Ernsthaftigkeit als die meisten anderen Jungen seines Alters. Das Wissen, dass er selbst kein wahrer Christ war, lastete viel schwerer auf ihm, als Worte ausdrücken können, und diese Last war sein ständiger Begleiter.

W.Y. Fullerton, einer der Biographen Spurgeons und ein enger Freund in seinen späteren Jahren, schrieb über diese Zeit der Suche nach Errettung Folgendes:

> In diesen Jahren gab es eine Unmenge an Erfahrungen, die es ihm in seinem späteren Dienst oft ermöglichten, die innersten Gedanken seiner Mitmenschen zu ergründen. Er lernte in diesen Jahren mehr über die wirklich wichtigen Dinge als die meisten anderen Männer in ihrem ganzen Leben.
> Es scheint fast unmöglich, dass jemand, der so jung ist, so behütet, von frühester Kindheit an geübt in den Wegen Gottes, die Sünde so tief in seiner Seele empfinden kann. Seine eigene Beschreibung dieser Dunkelheit und Verzweiflung erscheint vielleicht übertrieben, aber wer in den Wegen Gottes bewandert ist, wird es verstehen.[3]

Spurgeons eigener Bericht über seinen Kampf um Errettung lässt uns in der Tat staunen, dass ein Junge seine Sünde so tief empfinden konnte. Er wuchs schließlich in einer gläubigen Familie auf, in einem Pfarrhaus; er hatte nie irgendeine schändliche Sünde begangen (schlimmstenfalls vielleicht eine Lüge); und doch drückte die Last seiner Sünde ihn so sehr, dass es ihn an den Rand äußerster Verzweiflung brachte.

Spurgeon selbst schrieb über diese dunkle Zeit der Umkehr Folgendes:

> Als ich in der Hand des Heiligen Geistes war, der mich von meiner Sünde überführte, hatte ich ein klares und deutliches Empfinden für die Gerechtigkeit Gottes. Was auch immer Sünde für andere Menschen bedeutete, für mich wurde sie zu einer unerträglichen Last. Es war nicht so, dass ich die Hölle fürchtete, sondern ich fürchtete die Sünde; und die ganze Zeit hatte ich tiefe Sorge um die Ehre des Namens Gottes und die Reinheit seiner moralischen Herrschaft. Ich spürte, dass es mein Gewissen nicht beruhigen würde, wenn mir ungerechterweise vergeben würde. Aber dann tauchte die Frage auf: »Wie kann Gott gerecht sein und mich trotzdem rechtfertigen, der ich so schuldig bin?« Ich quälte und marterte mich mit dieser Frage; und doch konnte ich keine Antwort finden. Auf jeden Fall hätte ich mir niemals eine Antwort erdenken können, die

> mein Gewissen beruhigt hätte. Ich kannte von Jugend auf den Plan der Errettung durch das Opfer Jesu, aber im Innersten meiner Seele wusste ich nicht mehr darüber, als wenn ich als Hottentotte geboren und aufgewachsen wäre. Das Licht war da, aber ich war blind: Nur der Herr selbst konnte mir den Weg deutlich machen.[4]

Man beachte die poetische Sprache, mit der Spurgeon das Empfinden der Schuld beschreibt, und bedenke, dass er dabei über sich selbst als Jungen spricht. In der Zeit, die er hier beschreibt, war er ein junger Teenager, vielleicht sogar noch nicht einmal das. (Die gesamte Zeitspanne des Überführtwerdens dauerte von seinem elften bis zu seinem sechzehnten Lebensjahr.) Er schreibt weiter:

> Eines Tages kam ich auf meinen Wanderungen an einen Punkt, der sich für immer in mein Gedächtnis eingegraben hat, denn ich sah dort diesen Freund, meinen besten, meinen einzigen Freund, ermordet. Ich beugte mich in traurigem Entsetzen nieder und sah ihn an. Ich sah, dass seine Hände von rauen Eisennägeln durchbohrt waren, und seine Füße waren ebenso zerrissen. Da war so viel schreckliches Elend in seinem toten Antlitz, dass ich kaum wagte, ihn anzusehen. Sein Körper war von Hunger ausgezehrt, sein Rücken war blutig von den Peitschenhieben, und sein Haupt hatte rundherum Wunden: Man konnte deutlich sehen, dass dort Dornen eingedrückt waren. Ich erschauderte, denn ich kannte diesen Freund sehr gut. Er hatte nie irgendeinen Makel; er war der Reinste aller Reinen, der Heiligste der Heiligen. Wer könnte ihn verwundet haben? Denn er selbst hatte niemals jemanden verletzt: Sein ganzes Leben lang hatte er nur Gutes getan; er heilte die Kranken, er gab den Hungrigen Brot, er weckte Tote auf: Für welche dieser Taten hatten sie ihn getötet? Er hatte immer nur Liebe verströmt; und als ich in das arme, traurige Antlitz sah, das so vom Todeskampf gezeichnet und doch voller Liebe war, fragte ich mich, wer so ein gemeiner Schuft sein konnte, dass er Hände wie diese durchbohren konnte. Ich sagte zu mir selbst: »Wo können diese Verräter leben? Wo sind sie, die jemanden

> wie diesen schlagen konnten? Wenn sie einen Tyrannen ermordet hätten, könnten wir ihnen vielleicht vergeben; wenn sie jemanden erschlagen hätten, der einem Laster oder der Schurkerei hingegeben war, könnte das vielleicht seine verdiente Strafe gewesen sein; wäre er ein Mörder oder Aufrührer gewesen, würden wir sagen: »Begrabt seinen Leichnam: Am Ende hat er doch bekommen, was er verdiente.« Aber nun wurdest du geschlagen, mein Liebster, mein Teuerster; wo hausen die Verräter? Lasst mich sie ergreifen, und sie sollen des Todes sein. Wenn ich Qualen ersinnen könnte, dann sollen sie sie gewiss alle erleiden.« O, welch eine Eifersucht, welch eine Rachsucht empfand ich! Wenn ich nur diese Mörder finden könnte, was würde ich ihnen nicht alles zufügen! Und als ich den Leichnam betrachtete, hörte ich Schritte, und ich fragte mich, wo sie herkamen. Ich horchte und spürte deutlich, dass der Mörder ganz in der Nähe sein müsse. Es war dunkel, und ich tastete mich vor, um ihn zu finden. Ich bemerkte, dass ich irgendwie, in welche Richtung ich meine Hand auch ausstreckte, ihn doch nicht fassen konnte, denn er war mir näher, als meine Hand greifen konnte. Schließlich legte ich meine Hand an meine Brust. »Hab ich dich endlich«, sagte ich. Denn siehe: Er war in meinem eigenen Herzen; der Mörder verbarg sich in meiner eigenen Brust, wohnte in den geheimsten Winkeln meiner innersten Seele. Ach! Wie musste ich weinen, dass ich – in der Gegenwart meines ermordeten Meisters – den Mörder beherbergte; und ich fühlte mich äußerst schuldig, während ich mich noch über seinen Leichnam beugte …[5]

Das hat Spurgeon natürlich als Erwachsener geschrieben, daher spiegelt es seine gereifte Sichtweise dessen wider, was er als Kind empfand. Aber es wird deutlich, dass er sogar schon als elf- oder zwölfjähriges Kind ein ungewöhnlich intensives Empfinden für persönliche Schuld hatte. Das Schuldbewusstsein war so stark, dass es über fünf Jahre hinweg sein ganzes Denken bestimmte. Er konnte seine Gedanken nie ganz von dem Empfinden befreien, dass er ein Sünder war, dass er schuldig war und die Hölle verdiente.

Spurgeons Mutter war diejenige, die dafür verantwortlich war, dass ihm der Anspruch Christi auf sein Leben bewusst wurde. Ihre Ermahnungen an ihre Kinder sowie ihre Gebete für sie hinterließen beim jungen Charles einen unauslöschlichen Eindruck.

Spurgeons Vater spielte irgendwie eine untergeordnetere Rolle in der geistlichen Unterweisung der Kinder. Er war Pastor und ein hingegebener Mann. Und er erkannte an, dass seine Frau mehr als er für die geistliche Unterweisung der Kinder verantwortlich war. Er erzählte gewöhnlich eine Begebenheit, die sich ereignete, als er auf dem Weg zu einem Predigtdienst war. (Die Predigtdienste führten ihn oft von zu Hause fort.) In dieser bestimmten Situation erkannte er, dass er für andere Menschen und deren geistlichen Nöte Sorge trug, aber seine eigene Familie und seine Kinder vernachlässigte. Und darum, so sagte er, kehrte er nach Hause zurück. Als er dort ankam, ging er in das Haus und hörte Frau Spurgeon im Nebenzimmer, wie sie für die Bekehrung ihrer Kinder betete. John Spurgeon berichtete, dass er zu der Überzeugung kam, dass das geistliche Wohlergehen seiner Kinder in guten Händen lag, und so kehrte er zu seinem Predigtdienst zurück.

Es wäre nun aber falsch zu schließen, dass John Spurgeon ein nachlässiger oder ein gefühlloser Vater gewesen wäre. Er widmete sich seinen Kindern; er nahm an ihrem Leben teil. Fullerton berichtet eine bewegende Geschichte über die Vater-Sohn-Beziehung:

> Als der Junge vom Haus seiner Großeltern heimkehrte, schockierte er die Versammlung am Sonntag dadurch, dass er die letzte Zeile jeder Liedstrophe zweimal sang. Sein Vater stellte ihn zur Rede, aber er sagte, sein Großvater mache das so, und er würde es auch so machen. Daraufhin sagte ihm sein Vater, dass er, wenn das noch einmal vorkäme, Hiebe bekommen würde, die er sein Leben lang nicht vergessen würde. Der nächste Sonntag kam, und wieder sang der Junge die letzte Zeile doppelt. Es muss komisch geklungen haben, denn er hatte keine gute Gesangsstimme. Nach dem Gottesdienst fragte ihn sein Vater, ob er sich erinnerte, was er vorher ge-

sagt hatte. Der Junge wusste es noch. Vater und Sohn gingen dann, vorbei an einem Weizenfeld, zu einem Wald, und der Vater versuchte seinen Sohn zur Umkehr zu bewegen. Im Wald angekommen, knieten sie zusammen nieder und beteten, und beide waren sehr bewegt. Als sie wieder an dem Weizenfeld vorbeikamen, riss der Vater einen Weizenhalm ab und bat Charles, seine Hand auszustrecken. Der Weizenhalm wurde sanft darauf gelegt. »Ich habe dir gesagt, du bekommst Hiebe, die du nie vergisst. Dies wirst du nie vergessen«, sagte sein Vater. Die sanfte Strenge der Bestrafung zerbrach ihn und eroberte sein Herz, und das hat er nie vergessen.[6]

Spurgeons Vater war offensichtlich ein Mann mit einer tiefen Liebe zu Christus. Sein großes Erbarmen und seine Güte hinterließen auf das Leben des jungen Charles einen unauslöschlichen Eindruck. Spurgeons Vater, sein Großvater und vor allem seine Mutter übten einen starken geistlichen Einfluss auf ihn aus.

Jeden Sonntagabend versammelte Frau Spurgeon die Kinder um den Tisch zu Bibellese und Gebet. Spurgeon sagte, dass sie oft so betete: »Und nun, Herr, wenn meine Kinder in ihren Sünden verharren, dann werden sie nicht aus Unwissenheit zugrunde gehen. Meine Seele muss am Tag des Gerichts Zeugnis gegen sie ablegen, wenn sie Christus nicht annehmen.« Spurgeon sagte, dass der Gedanke, dass seine eigene Mutter vor dem Richterstuhl Christi Zeugnis gegen ihn ablegen müsse, sein Herz durchdrang.

Aufgrund solcher Einflüsse entwickelte er ein feines Gespür für seine eigene Schuld, als er erst zehn oder elf Jahre alt war. Und die Sache, die ihn so sehr belastete, war die klare Erkenntnis, dass er *in Gottes Augen* schuldig war. Er hatte nicht die begrenzte Sicht, die so viele Kinder haben – die nur bekümmert sind, weil sie ihre Eltern verletzt haben. Spurgeon schien in einem so jungen Alter sehr ernsthaft zu erkennen, dass alle seine Sünden gegen Gott selbst gerichtet waren.

Es scheint auch so, als hätte ihm der Makel, der vielen von uns Menschen anhaftet, nicht zu schaffen gemacht – nämlich sich mit anderen zu vergleichen und sich selbst davon zu überzeugen, dass man schon in Ordnung sei, weil man so viel besser ist als diese oder jene Person. Spurgeon war nicht so dumm, so zu denken. Er schrieb:

> Ich konnte nicht glauben, dass meine Sünden vergeben werden könnten. Ich weiß nicht warum, aber ich schien in der Welt überzählig zu sein. Als das Verzeichnis erstellt wurde, musste ich, so schien mir, wohl aus irgendeinem Grund vergessen worden sein. Wenn Gott mich gerettet hätte, aber nicht die Welt, hätte ich mich tatsächlich wundern müssen, aber wenn er die ganze Welt gerettet hätte außer mir, wäre mir das nur richtig erschienen. Und nun, aus Gnaden gerettet, kann ich nichts anderes sagen als: »Ich bin wirklich wie ein Brandscheit aus dem Feuer gerissen!«[7]

Spurgeons einzigartige Sichtweise erklärt, warum er sich selbst als jemanden betrachtete, der »von Gott gehalten wurde, lange bevor er ihn fand«.[8] In seinen Gedanken müssen ihm die Jahre, in denen er die Last seiner Sünde zu tragen hatte, wie eine Ewigkeit vorgekommen sein. Erinnern wir uns daran, dass er von klein auf in einem Pfarrhaus, in einer frommen Umgebung, aufwuchs. Er scheint nie irgendeiner Art schändlichen oder anstößigen Verhaltens erlegen gewesen zu sein. Er war nie an irgendeiner den Ruf schädigenden Sünde beteiligt. In keinem Bericht über sein Leben tauchen irgendwelche anstößigen Sünden auf. Er wurde in einem relativ jungen Alter bekehrt, mit sechzehn. Doch er bewahrte bis zu seinem Tod in seinem Herzen ein sehr starkes Empfinden dafür, dass er nichts anderes als ein schrecklicher Sünder sei. Er dachte nie höher von sich als von anderen. Für den Rest seines Lebens behielt er die lebendige Erinnerung an die Last der Schuld, die er getragen hatte. Und aus diesem Grund empfand er eine enge Verwandtschaft zu Menschen, die nach einer langen Zeit in den Tiefen der Sünde zu Christus bekehrt wurden.
Er schrieb:

> Ich liebe das Bild des lieben alten Christ [in Bunyans *Pilgerreise*]. Ich erinnere mich daran, als ich das erste Mal die

> *Pilgerreise* las und darin den Holzschnitt sah, auf dem Christ diese Last auf seinem Rücken trug. Ich nahm so sehr an dem armen Kerl Anteil, dass ich dachte, ich würde vor Freude springen, als er sie nach so langer Zeit endlich loswurde; und so fühlte auch ich mich, als die Last der Schuld, die ich so lange getragen hatte, für immer von meinen Schultern und meinem Herzen fortgerollt war.[9]

In den Jahren des Überführtwerdens hörte Spurgeon häufig Predigten über Gesetz und Schuld und Sünde, und all dies hatte seine Not nur noch verstärkt. Er berichtet, dass er während dieser Zeit u.a. viele Bücher von Puritanern las, wie *The Rise and Progress of Religion in the Soul* von Philip Doddridge, *A Call to the Unconverted* von Richard Baxter, *Alarm to Sinners* von Joseph Allein und *The Anxious Inquirer* von John Angel James. Diese Bücher waren alle darauf ausgerichtet, sehr von sich überzeugte Menschen zu überführen. Und Spurgeon sagte, es wäre, als wenn man am Fuß des Berges Sinai säße. Fullerton fügte dem hinzu: »Er las die Bibel durch, aber er fand, dass alle ihre Drohungen in Großbuchstaben und ihre Verheißungen ganz klein gedruckt wären. Mit unnatürlicher Geschicklichkeit verdrehte er alles zu seinem eigenen Nachteil, wandte die ermunternden Aussagen auf andere an und die Weherufe auf sich selbst.«[10]

Später schrieb Spurgeon Folgendes über den Kampf, den er durchmachte:

> Tag und Nacht lag die Hand Gottes schwer auf mir. Wenn ich nachts schlief, träumte ich vom bodenlosen Abgrund, und wenn ich aufwachte, fühlte ich noch das Elend, von dem ich geträumt hatte. Ich ging zum Hause Gottes; mein Lied war nichts als Seufzen. Ich zog mich in meine Kammer zurück und opferte dort unter Tränen und Stöhnen mein Gebet; ohne Hoffnung und ohne Zuflucht, denn das Gesetz Gottes schlug mich mit seiner zehnschwänzigen Peitsche und rieb mich anschließend mit Salzwasser ab, so dass ich vor Schmerz und Seelenqual zitterte und bebte.[11]

An anderer Stelle verglich Spurgeon in einem Gespräch mit jemandem, der tatsächlich denselben Boden immer und immer wieder umpflügte, all diese Predigten über das Gesetz »mit einem Gespann von zehn schwarzen Pferden« – den zehn Geboten.

In den Jahren des Überführtwerdens schien keiner, der Spurgeon näher kannte, etwas von seinem inneren Kampf zu ahnen. Er kehrte alles in sich hinein. Fullerton schrieb:

> Man sollte nicht annehmen, der Bursche sei in diesen Jahren krankhaft gewesen. Er führte ein Doppelleben: eines eifrig, natürlich, belesen, aufmerksam; das andere versunken, furchtsam, zweifelnd, aufrührerisch. Wenn er über seine Probleme gesprochen hätte, dann wären sicher Menschen um ihn gewesen, die ihm da hätten heraushelfen können; aber er kämpfte allein, verbarg seine Gedanken vor den anderen. Nur einmal sprach er mit seinem Großvater über seine Furcht, dass er eine verlorene Seele sei, und wurde für kurze Zeit getröstet. Er wollte nicht glauben, nur weil andere auch glaubten; er brauchte selbst die Zusicherung; er würde nicht ruhen, bevor er sich nicht gewiss war.[12]

Normalerweise reden Menschen, die mit einer solchen Last kämpfen, mit anderen und strecken sich verzweifelt nach Trost und Zuspruch aus, und sie nähren sich von dem Zuspruch, den man ihnen gibt. Der Seelsorger kann Worte der Ermutigung und des Trostes anbieten, die vielleicht eine Weile anhalten, aber weil die Angelegenheit in ihrem Herzen nicht wirklich geklärt ist, kehren die Zweifel zurück.
Aber Spurgeon wusste es besser. Er nährte sich nicht vom Zuspruch und von der Ermutigung, die andere ihm geben konnten. Er erkannte, dass er es mit Gott zu tun hatte, und er verdrängte die Sache nicht. Ohne Zweifel wäre es für Spurgeon gut gewesen, wenn er Hilfe von seinen Großeltern, seinen Eltern oder anderen reifen Gläubigen in seiner Umgebung bekommen hätte.
Er beschreibt, was in diesen dunklen Tagen des Überführtwerdens geschah:

Während ich um meine Seele besorgt war, beschloss ich, alle Versammlungsorte in meiner Heimatstadt aufzusuchen, um den Weg der Errettung zu finden. Ich war bereit, alles zu tun und alles zu sein, wenn Gott mir nur meine Sünden vergeben würde. Ich fing an, bei allen Kapellen die Runde zu machen, und ich ging zu jedem Versammlungsort; aber lange Zeit ging ich umsonst. Ich mache dafür jedoch nicht die Pfarrer verantwortlich. Ein Mann predigte über Gottes Souveränität; ich hörte ihm gerne zu, aber was bedeutete diese erhabene Wahrheit für einen armen Sünder, der sich nur danach sehnte zu erfahren, was er tun müsse, um gerettet zu werden? Da war ein anderer vortrefflicher Mann, der immer nur über das Gesetz predigte; aber was nützte das Pflügen des Bodens, wo es eigentlich notwendig war, zu säen? Ein anderer war ein praxisnaher Prediger. Ich hörte ihm zu, aber er war ganz wie ein kommandierender Offizier, der einer Gruppe von lahmen Männern Kriegsmanöver beibrachte. Was konnte ich tun? All seine Ermahnungen ließen mich kalt. Ich kannte die Aussage: »Glaube an den Herrn Jesus Christus, und du wirst errettet werden«; aber ich wusste nicht, was es bedeutete, an Christus zu glauben. Diese guten Männer predigten alle die Wahrheit, die für die vielen geistlich gesinnten Leute in ihren Versammlungen geeignet waren; aber was ich wissen wollte, war: »Wie werden mir meine Sünden vergeben?«, aber sie konnten es mir nicht sagen. Ich verlangte danach zu hören, wie ein armer Sünder, unter dem Bewusstsein der Sünde, Frieden mit Gott finden konnte; und es kam, dass ich eine Predigt hörte über: »Irret euch nicht, Gott lässt sich nicht spotten«, die mich noch niedergeschlagener zurückließ, aber nicht zur Ruhe brachte. Ich ging am nächsten Tag wieder dorthin, und nun ging es im Text um die Herrlichkeit der Gerechten; nichts für mich Elenden! Ich war wie ein Hund unter dem Tisch, dem nicht erlaubt war, von der Mahlzeit der Kinder zu essen. Ich ging wieder und wieder dorthin, und ich kann ehrlich sagen, dass ich mich niemals ohne Gebet zu Gott nahte; ich bin sicher, es gab dort keinen aufmerksameren Zuhörer als mich, denn ich rang und sehnte mich danach zu verstehen, wie ich gerettet werden könnte.[13]

Spurgeons Erfahrung half ihm später bei der Gestaltung seines Dienstes. Er erinnerte sich an seine Enttäuschung, als ihn danach verlangte, das Evangelium zu hören, er aber nichts als Gesetzespredigten zu hören bekam. Das ist der Grund, weshalb eine so starke evangelistische Stoßkraft in fast jeder seiner Predigten zu finden ist. Er stand fast nie auf der Kanzel, ohne deutlich den Weg der Errettung aufzuzeigen und Sünder zu Christus zu rufen.

Schließlich geschah Spurgeons Bekehrung aufgrund der unwahrscheinlichsten Umstände. Eines Sonntagmorgens – Spurgeon war in einer Phase, in der er verschiedene Gemeinden ausprobierte – wurde die kleine Stadt Colchester von einem fürchterlichen Schneesturm praktisch lahm gelegt. Spurgeon war über die Weihnachtsferien nach Hause heimgekehrt. Das Datum kann genau bestimmt werden. Es war Sonntag, der 6. Januar 1850. Der Schneesturm begann schon am frühen Morgen. Spurgeon war früh aufgestanden, denn er beabsichtigte, eine bestimmte Kapelle am anderen Ende der Stadt zu besuchen, und gerade, als er sich auf den Weg machte, wurde der Schneesturm stärker.

Spurgeon selbst berichtet, was geschah:

> Ich denke manchmal, ich würde noch heute in Dunkelheit und Verzweiflung leben, hätte Gott nicht in seiner Güte an einem Sonntagmorgen, als ich zu einer bestimmten Versammlung unterwegs war, einen Schneesturm gesandt. Als ich nicht weitergehen konnte, wandte ich mich in eine Seitenstraße und kam zu einer kleinen Kapelle der Methodisten. In der Kapelle waren vielleicht zwölf oder fünfzehn Menschen versammelt. Ich hatte schon von den Methodisten gehört, dass sie so laut singen würden, dass man Kopfschmerzen bekäme. Aber das machte mir nichts aus. Ich wollte wissen, wie ich gerettet werden könnte, und wenn sie es mir sagen konnten, waren mir die Kopfschmerzen egal. Der Pfarrer kam an diesem Morgen nicht, vermutlich weil er eingeschneit war. Schließlich stand ein sehr magerer Mann auf, ein Schuhmacher, Schneider oder etwas Ähnliches, und ging zur Kanzel, um zu predigen. Nun,

es ist sinnvoll, wenn Prediger geschult werden; aber dieser Mann war wirklich dumm. Er war gezwungen, an seinem Text zu kleben, aus dem einfachen Grund, weil er wenig darüber hinaus zu sagen hatte. Der Text war:

»Schaut auf mich, und ihr werdet gerettet werden, all ihr Enden der Erde.«

Er sprach die Worte noch nicht einmal richtig aus, aber das spielte keine Rolle. Da lag, so dachte ich, ein Hoffnungsschimmer für mich in diesem Text. Der Prediger begann so: »Meine lieben Freunde, dies ist wirklich ein sehr einfacher Text. Es heißt: ›Schaut‹. Nun macht das Schauen nicht allzu viel Mühe. Es bedeutet nicht, deinen Fuß oder deinen Finger zu bewegen. Nur ›schauen‹. Nun, man muss nicht zur Universität gehen, um das Schauen zu lernen. Du kannst der größte Dummkopf sein, und dennoch kannst du schauen. Man muss auch nicht viel verdienen, um schauen zu können. Jeder kann schauen, sogar ein Kind kann es schon. Aber dann sagt der Text: ›Schaut auf mich‹. Nun«, fuhr er in einem breiten Essex-Dialekt fort, »viele von euch schauen auf sich selbst, aber es hat keinen Wert, auf sich selbst zu schauen. Ihr werdet in euch selbst niemals Trost finden. Einige schauen auf Gott den Vater. Nein, ihn könnt ihr irgendwann sonst anschauen! Jesus Christus sagt: ›Schaut auf mich‹. Einige unter euch sagen: ›Wir müssen auf das Wirken des Geistes warten.‹ Kümmere dich jetzt nicht darum. Schau auf Christus. Der Text sagt: ›Schaut auf mich‹.« Dann fuhr der gute Mann auf diese Weise mit dem Text fort: »Schaut auf mich: ich schwitze große Blutstropfen. Schaut auf mich, ich hänge am Kreuz. Schaut auf mich, ich bin tot und begraben. Schaut auf mich, ich bin wieder auferstanden. Schaut auf mich, ich fahre auf zum Himmel. Schaut auf mich, ich sitze zur Rechten des Vaters. O, du armer Sünder: Schau auf mich! Schau auf mich!« Als er bis hierher gekommen und seine Predigt über etwa zehn Minuten gestreckt hatte, war er am Ende seiner Kräfte. Dann sah er mich unter der Empore sitzen, und ich darf wohl annehmen, dass er bei

> so wenigen Anwesenden wusste, dass ich ein Fremder war. Er richtete seinen Blick nur auf mich, als würde er mein Herz durch und durch kennen, und sagte: »Junger Mann, Sie sehen sehr unglücklich aus.« Ja, das stimmte; aber ich war es nicht gewohnt, von der Kanzel aus auf mein persönliches Auftreten angesprochen zu werden. Das war jedoch ein glatter Volltreffer. Er fuhr fort: »Und Sie werden immer unglücklich bleiben – unglücklich im Leben und unglücklich im Tod – wenn Sie diesem Text nicht Folge leisten; aber wenn Sie ihm gerade jetzt, in diesem Augenblick, gehorsam sind, werden Sie gerettet werden.« Dann rief er mit erhobenen Händen, wie es nur ein einfacher Methodist tun kann: »Junger Mann! Schauen Sie auf Jesus Christus. Schauen Sie! Schauen Sie! Schauen Sie! Sie müssen nichts anderes tun, als zu schauen, und Sie werden leben.« Ich erkannte plötzlich den Weg der Errettung. Ich weiß nicht mehr, was er sonst noch sagte – ich habe es nicht besonders beachtet –, ich war so von diesem einen Gedanken ergriffen. So wie bei der ehernen Schlange, die erhöht wurde, und wenn die Menschen nur dorthin schauten, wurden sie geheilt – so war es nun auch bei mir. Ich hatte erwartet, fünfzig Dinge tun zu müssen, aber als ich dieses Wort hörte – »Schau!« –, da schien es für mich die schönste Botschaft der Welt zu sein! Ach, ich schaute mir fast die Augen aus dem Kopf. Augenblicklich wich der Schleier, die Dunkelheit verschwand, und im selben Moment sah ich die Sonne. Ich hätte sofort aufstehen können und mit den begeistertsten Teilnehmern dieser Versammlung singen können vom kostbaren Blut Christi und dem einfachen Glauben, der allein auf ihn schaut. Ach, wenn mir das doch nur schon früher jemand gesagt hätte: »Vertrau auf Christus, und du wirst errettet werden.«[14]

Spurgeon begann bald nach seiner Bekehrung, die im Januar 1850 stattfand, zu predigen. Erstaunlicherweise wurde er fünf Jahre später als Pastor an die größte Baptisten-Gemeinde Londons berufen. So hielt er innerhalb von vier Jahren nach seiner Bekehrung die erste Predigt als Pastor von der Kanzel, von der aus er bis zu seinem Tod Hirtendienst tun würde. Er hatte nie eine Universität oder ein Seminar besucht. Es scheint, als wäre er sofort erwachsen gewesen, ein reifer Pastor, Prediger und Theologe.

Aber die Wahrheit hinter Spurgeons bemerkenswertem Dienst ist, dass viele der Einflüsse, die ihn zu dem machten, was er war, im Zusammenhang mit der Erziehung in seiner frühesten Kindheit standen. Das waren die Einflüsse, die er durch ein frommes Familienleben, unter der Aufsicht gottesfürchtiger Eltern und Großeltern, erfuhr.

Fußnoten

[1] Griechische Verbform, bei der das Subjekt gleichzeitig sowohl Handelnder als auch Objekt des Handelns ist (der Übersetzer).
[2] W.Y. Fullerton, Charles Haddon Spurgeon (Chicago: Moody, 1966), S. 21.
[3] ebd., S. 23.
[4] C.H. Spurgeon, Autobiography 4 vols. (London: Passmore & Alabaster, 1897), 1:98.
[5] ebd., S. 99-100.
[6] Fullerton, S. 25-26.
[7] Spurgeon, S. 103
[8] ebd.
[9] ebd.
[10] Fullerton, S. 27.
[11] ebd., S. 27.
[12] ebd., S. 26.
[13] Spurgeon, S. 104-105.
[14] Spurgeon, S. 105-108.

Auflösungen

Lektion 1

I.
A
5. Wort Gottes
Geber des Wortes: Gott

B
1. Einzigartigkeit
2. Rolle

C
2 Segnungen

Lektion 2

II.
A
2 schlecht / böse

B
2
b Zucht / Ermahnung

Lektion 3

III.
A
1. sich selbst
2. anderen
3. Furcht

B
1. kompliziert
3. kurzfristigen Lösungen
4. Grenzen

C
1. innere Haltung / Einstellung
2. Verantwortung
3. Autorität
4. Hauptsache
5. einziger Schwerpunkt

Lektion 4

IV.
A
1
a) in übertriebenem Maße
reizen
verhindern
b) Ärger, Zorn
c) stört
d) Ermutigung
e) Kreativität
f) komisch, in seinem Charakter verdreht oder geschädigt
g) rechtzeitige
h) Rute

2
a) aus Liebe
Lernen
Ordnungen
beschützen
bereiten
verdeutlichen
zeigen

Lektion 5

b) weise, angemessen

Lektion 6

B

1

a) Vorbild
b) alltäglichen
c) Fragen
d) besondere

2

a) Furcht
kennen lernen
anbeten
gefallen
b) Autoritäten

Lektion 7

c) Sünde
persönlicher
anderer

d) Kommunikation
Zuhören
Reden

e) dienen
f) Erwartungen
g) Anfechtungen
h) Verwalterschaft
die Zeit
Fähigkeiten, Körper
materiellen
i) Arbeitsmoral
j) die Ehe

Lektion 8

C

1

a) bestrafen, unterweisen .
Vorlieben
b) zurückziehen
c) Ehepartner
d) Kind

2

a) zorniges / aufbrausendes
unverhohlener
unterschwelliger, schleichender
b) übertreiben
c) erfüllen
d) demütigen
e) heuchlerisch
f) verändert
g) ungerecht
h) Perfektion

Lektion 9

D

1 verkürze, verwässere
2 weiß
3 Heilsgewissheit

E

1 Weisheit
2 Errettung
3 Verständnis
4 Bewahrung
5 Versuchungen
6 Entscheidungen
7 Beziehungen
8 dienstbereites

V.

A Heiligung
B Wohlgefallen

dlv

Paperback

John MacArthur
Kindererziehung – wir wollen es besser machen

224 Seiten
ISBN 3-89397-254-4

Endlich das Patent-Rezept mit Erfolgsgarantie zur Problematik »Erziehung und Familienleben«?
Doch dieses Buch bietet keine neue Erziehungs-Methode und ist auch keine Abhandlung über Kinder-Psychologie. Pragmatische Lösungen sind ebenfalls nicht gefragt. Worum es hier geht, sind die zeitlosen Prinzipien einer biblisch orientierten Erziehung.
»Der Markt wird überschwemmt mit verkehrten Erziehungsmodellen. Wir stehen einer Flut von so genannten christlichen Elternratgebern gegenüber, doch echte biblische Hilfen sind in der Tat rar«, sagt John MacArthur.
Hier seine Alternative, die den Eltern helfen soll, sich ihrer Verantwortung bewusst zu werden und sie mit Gottes Hilfe zu erfüllen.

Grace to You entstand durch den Predigtdienst von John MacArthur, der seit 30 Jahren als Ältester und Pastor in der »Grace Community Church« im San Fernando Valley in Südkalifornien dient.
Grace to You ist ein Mediendienst, der die Medien von heute benutzt, um den Menschen die Wahrheit des Wortes Gottes näher zu bringen und sie verständlich zu machen.
Ziel ist es, dass Menschen für das Werk des Dienstes zugerüstet werden, »... um die Heiligen zuzurüsten für das Werk des Dienstes, zur Erbauung des Leibes Christi, bis dass wir alle zur Einheit des Glaubens und der Erkenntnis des Sohnes Gottes gelangen und zum vollkommenen Manne werden, zum Maße der vollen Größe Christi« (Eph 4,12-13).

Wenn Sie gerne mehr über den Dienst von Grace to You oder das zur Verfügung stehende Material erfahren möchten, dann besuchen Sie doch unsere Homepage oder nehmen Sie direkt mit uns Kontakt auf:

www.gty.de oder kontakt@gty.de

Grace to You Deutschland
Berlin

Fon: +49 30 443 51 91-0
Fax: +49 30 443 51 91-9